AF717057

DIE LISTE VOR DER KISTE

RUEDIGER DAHLKE

Die Liste vor der Kiste

Mit Glück und Erfüllung
im Herzen, wenn
das Lebensschiff sein Ziel erreicht

TERZIUM

MIX
Papier aus verantwortungsvollen Quellen
FSC® C014496

4. überarbeitete Auflage 2023

© 2014 Terzium Verlag
Terzium ist ein Imprint der Allinti Verlag GmbH, Allschwil (Schweiz)
Umschlaggestaltung: Reinert und Partner, München
Umschlagmotiv: Shutterstock
Redaktion: Christine Stecher
Layout & Satz: BuchHaus Robert Gigler, München
Druck und Bindung: GGP Media GmbH, Pößneck
ISBN 978-3-906294-01-8

Alle Rechte vorbehalten

www.terzium.ch

INHALT

Unsere große Chance: Leben lernen ... 6

Die persönliche Liste ... 13

Grundsätzliche Qualitäten ... 15

Das Beste kommt zum Schluss ... 25

Ein urprinzipieller Vorgeschmack ... 31

Der Ruf des Lebens – Beispiele ... 48

Der große Katalog oder Aus dem Vollen schöpfen ... 61

Zu guter Letzt: inspirierende Pilgerziele und (Seelen-)Wanderrouten ... 175

Es an nichts mangeln lassen ... 219

Anhang ... 224

Empfehlenswerte Spielfilme ... 224

Veröffentlichungen von Ruediger Dahlke ... 225

Adressen ... 230

Unsere grosse Chance: Leben lernen

Lebe, als würdest du morgen sterben.
Lerne, als würdest du ewig leben.
Mahatma Gandhi

Es gibt ein Leben vor dem Tod. Wäre es da nicht gut, es auch zu leben – und es vor dem Tod zu einem runden Abschluss zu bringen? Statt also Mitte dreißig bereits *tot* zu sein und sich erst in seinen Achtzigern tatsächlich *eingraben* zu lassen, erscheint mir als ein lohnendes Ziel, sich die von Paulo Coelho erdachte Grabinschrift zum Vorbild zu nehmen. Für meine Person würde sie lauten:

Ruediger Dahlke
Er lebte noch, als der starb

Damit ist nichts anderes gemeint, als dass wir vor dem Tod alles ins Hier und Jetzt hineinpacken dürfen – um vollen Herzens auf diese spannende Entdeckungsreise zu gehen, die wir so mutig und manchmal anmaßend Leben nennen. So viele große und kleine Dinge gäbe es zu erleben. Das vergessen wir viel zu schnell.

Wir sollten uns bewusst werden, was wir eigentlich möchten und wozu wir einmal angetreten sind. So empfehle ich, sich dafür möglichst lange vor der »Kiste« eine Liste anzulegen, die noch ausstehende Träume, Hoffnungen und unbedingt abzuhakende Punkte enthält. Für uns Bedeutsames darf nicht in Vergessenheit geraten, damit sich am Ende nicht ein Stau von Unerledigtem ergibt, wie er Sterbenden oft zu schaffen macht.

Wir sollten uns auch nicht scheuen, sogar die ganz großen Träume und hochfliegenden Wünsche auf diese Liste zu setzen. Die beste Einstimmung darauf ist ein wundervoller Text von Marianne Williamson aus ihrem Buch *Rückkehr zur Liebe.* Ihn wählte Nelson Mandela einst für seine Inaugurationsrede, um Mut zu machen für seinen Traum von einem (be)frei(t)en Südafrika, das er für viele unerwartet und wundervoll verwirklichte. Und nebenbei bemerkt: Dieser charismatische Mensch, der sich lebenslang von seinen Überzeugungen und Idealen leiten ließ, wurde uralt.

> *Unsere tiefste Angst ist nicht die, dass wir unzulänglich sind. Unsere tiefste Angst ist die, dass wir über die Maßen machtvoll sind. Es ist unser Licht, nicht unsere Dunkelheit, das uns am meisten erschreckt. Wir fragen uns: Wer bin ich eigentlich, dass ich so brillant, großartig, talentiert, fabelhaft sein sollte? Aber wer sind Sie denn, dass Sie es nicht sein sollen? Sie sind ein Kind Gottes. Wenn Sie sich kleinmachen, dient das der Welt nicht. Es hat nichts von Erleuchtung an sich, wenn Sie*

sich so schrumpfen lassen, dass andere Leute sich nicht mehr durch Sie verunsichert fühlen. […] Wir sind dazu geboren, die Herrlichkeit Gottes in uns zu verwirklichen. Sie existiert in allen von uns, nicht nur in ein paar Menschen. Und wenn wir unser eigenes Licht leuchten lassen, erlauben wir auch unbewusst anderen Menschen, das Gleiche zu tun. Wenn wir von unserer eigenen Furcht befreit sind, befreit unsere Gegenwart automatisch auch andere.

Einige Jahrhunderte zuvor hatte Michelangelo Buonarroti, einer der größten Künstler der Welt, erkannt:

Die große Gefahr für die meisten von uns ist nicht,
dass unsere Ziele zu hoch sind und wir sie nicht erreichen,
sondern dass sie zu niedrig sind und wir sie erreichen.

Der Autor Alan A. Milne, »Vater« von Winnie Puuh und Tigger, gab Kindern folgende Zeilen mit:

Versprich mir, dich immer zu erinnern:
Du bist tapferer als du glaubst,
stärker als du scheinst,
klüger als du glaubst.

Und das gilt für alle Kinder – kleine wie große.

Die Tatsache, noch nicht in Zeitnot zu sein, noch von keiner Diagnose in Enge und Angst getrieben zu werden, kann Mut machen und Kraft schenken. Wir können gleich anfangen, unsere Liste aufzustellen und uns nach ihr zu richten – und zwar ohne falsche Bescheidenheit und Angst. Es ist nicht ratsam, alle Wünsche und Träume (ewig) aufzuschieben, bis es irgendwann (zu) spät ist. Wir haben heute, in diesem Moment, nichts zu verlieren und alles zu gewinnen.

Die großen spirituellen Traditionen legen uns nahe, mit allem eins zu werden. Zum Schluss müssen wir uns sowieso mit allem aussöhnen, uns in allem wiederfinden, mit allem *ein*verstanden sein und erkennen, dass wir vom Göttlichen nicht getrennt sind. Hindus nennen das *tat tvam asi* (wörtlich: »Du bist das«), und sie meinen damit »Du bist göttlicher Natur«. Dieses Erkennen der Wirklichkeit entspricht auch dem Christus-Bewusstsein. Christen haben das Ziel, ihre Nächsten wie sich selbst zu lieben und sich beziehungsweise ihren Meister Christus im Geringsten ihrer Mitmenschen zu erkennen und sich in Christus und Gott in sich. »Das Himmelreich Gottes ist in euch«, heißt es in der Bibel. Klarer und deutlicher könnte es nicht ausgedrückt werden, und so hat falsche Bescheidenheit hier keinen Platz. Wir sind sozusagen von ganz oben angehalten, alles zu wagen, um das (ewige) Leben zu gewinnen, und zwar lange vor dem Tod. Wir müssten nur wollen und uns trauen.

Wozu also warten, bis der Druck wächst? Wer sich das nicht ein- und zugesteht, wird im Laufe des Lebens die Erfahrung machen, dass unsere Entwicklung in Richtung Kraft und Mut von außen angemahnt wird. Solch einem unnötigen Druck bräuchten wir uns gar nicht auszusetzen.

Das Damoklesschwert des Todes hängt von Anfang an über uns (allen). Es zu verkennen ist ebenso naiv wie ungeschickt. Wer jedoch den Tod als letztes und sicherstes Lebensziel akzeptiert, hat die bessere Ausgangsposition. Angelus Silesius, der dichtende »schlesische Engel«, sagt es deutlich:

Wer nicht stirbt, bevor er stirbt, der verdirbt, bevor er stirbt.

Und Goethe, der Deutschen Dichterfürst gibt uns zu bedenken:

Und so lang du das nicht hast,
Dieses: Stirb und werde!
Bist du nur ein trüber Gast
Auf der dunklen Erde.

Dabei ist uns das Muster schon aus Schulzeiten bekannt. Zum Beispiel wenn wir die Erledigung von Hausaufgaben bis zum letzten Moment aufschoben, um dann unter großer Anspannung noch alles auf den letzten Drücker hinzubiegen. Der letzte Drücker aber macht Druck, und das Ergebnis ist deshalb oft wenig überzeugend. Unter Druck werden nur wenige wirklich gut. Jeder kennt das Dilemma, und so lautet der zwar bekannte, aber selten befolgte Rat: »Was du heute kannst besorgen, das verschiebe nicht auf morgen.« Der weiseste Rat aber ist: »Alles zu seiner Zeit.« Doch wann ist die rechte Zeit für Träume, Wünsche und Visionen? Dazu gibt in unserer Kultur die Bibel (*Prediger 3, 1-7.12*) eine Antwort:

> *Alles hat seine Zeit und jegliches Vornehmen unter dem Himmel seine Stunde.*
>
> *Geborenwerden hat seine Zeit, und Sterben hat seine Zeit;*
>
> *Pflanzen hat seine Zeit, und Gepflanztes ausreuten hat seine Zeit;*
>
> *Töten hat seine Zeit, und Heilen hat seine Zeit;*
>
> *Zerstören hat seine Zeit, und Bauen hat seine Zeit;*
>
> *Weinen hat seine Zeit, und Lachen hat seine Zeit;*
>
> *Klagen hat seine Zeit, und Tanzen hat seine Zeit;*
>
> *Steine schleudern hat seine Zeit, und Steine sammeln hat seine Zeit;*
>
> *Umarmen hat seine Zeit, und sich der Umarmung enthalten hat auch seine Zeit;*
>
> *Suchen hat seine Zeit, und Verlieren hat seine Zeit;*
>
> *Aufbewahren hat seine Zeit, und Wegwerfen hat seine Zeit;*
>
> *Zerreißen hat seine Zeit, und Flicken hat seine Zeit;*
>
> *Schweigen hat seine Zeit, und Reden hat seine Zeit;*

Lieben hat seine Zeit, und Hassen hat seine Zeit;

Krieg hat seine Zeit, und Friede hat seine Zeit. (...)

Ich habe erkannt, dass es nichts Besseres gibt unter ihnen, als sich zu freuen und Gutes zu tun in seinem Leben ...

Genauso hat auch die persönliche Liste der Lebensthemen, der Herzenswünsche, Träume, Ziele ihre Zeit. Sie sieht selbstverständlich anders aus, wenn wir dreißig sind, als wenn wir sie mit fünfzig oder sechzig Jahren oder vor der letzten Etappe des Weges formulieren. Auch die Liste einer Frau wird sich von der eines Mannes unterscheiden. Die persönliche Liste ist in jedem Fall etwas so Individuelles, dass ich in diesem Buch nur Anregungen und manchmal vielleicht (An-)Stöße geben kann.

Natürlich gibt es die Unsicherheit, wann es Zeit ist, etwas in die Realität umzusetzen. Wir könnten uns sogar fragen, ob es für uns nicht überhaupt zu spät ist. Die ungemein befriedigende und erlösende Antwort lautet: Jetzt ist die richtige Zeit, und hier ist der richtige Ort – um zu leben.

Die persönliche Liste

Wer die Lebensmitte überschritten hat – was biologisch gesehen mit einundfünfzig der Fall ist –, sollte sich eigentlich seiner Endlichkeit hier auf Erden immer stärker bewusst werden. Selbst wer in jüngeren Jahren meint, er habe alle Zeit der Welt, ist (zu) optimistisch. Siddhartha Gautama, der Buddha, sagte fünfhundert Jahre vor unserer Zeitrechnung: »Das Problem ist, du denkst, du hast Zeit.«

Worauf wollen wir warten? Wie schlau ist es denn, jeden runden Geburtstag zu feiern und dabei zu übersehen, dass er uns dem verdrängten Ende einen deutlichen Schritt näher bringt? Es gibt nur eine Zeit, zu leben beziehungsweise damit anzufangen, und nur einen Ort, wo das möglich ist: Hier und Jetzt, das viel besungene Doppelgespann Raum und Zeit. Die beiden sind für uns Menschen die großen Täuscher, aber auch die Schlüssel zum Glück:

Der einzige Ort und die einzige Zeit zu leben ist der Augenblick. Oder in den Worten von Anne Frank: »Wie wundervoll, dass niemand einen einzigen Moment warten muss, bevor er anfängt, die Welt zu verbessern.«

Wenn wir – Goethes und Angelus Silesius' Rat folgend – den Tod beizeiten auf der Seelen-Bilder-Ebene zu uns einladen, können wir jetzt schon das große Geschenk in Empfang nehmen, das er uns anzubieten hat: das Leben vor dem Tod. In diesem Sinne wird uns der Tod zu seiner Zeit vollkommen ehrlich machen und unserer Wahrheit näherbringen.

Im Angesicht des Todes werden fast alle Menschen in einer tiefen Weise ehrlich, was Angehörige und andere Zurückbleibende oft erschreckt. Vielleicht ist das einer der Gründe, warum der Tod uns überhaupt so unheimlich ist. Dazu nur einige Beispiele aus meinem Feld der Medizin: Auf dem Totenbett konnte Edward Jenner, der Entdecker des Impfens, eingestehen, dass er der Menschheit mit der Impfung statt des erhofften Segens ein Monster beschert hatte. Erst auf dem Totenbett erkannte Louis Pasteur, in dessen Namen wir bis heute die sowieso schon gefährliche Trinkmilch noch weiter ruinieren, dass er die Erreger über- und das Terrain unterschätzt hat. Kurz vor seinem Tod gestand der Nervenarzt Leon Eisenberg, dass er das Krankheitsbild ADHS, das Zappelphilipp-Syndrom, passend zur Droge Ritalin erfunden habe und nicht etwa umgekehrt – typisches Beispiel eines von vielen im Dienste der Industrie erfundenen Krankheitsbilder.

Grundsätzliche Qualitäten

› ***Ehrlichkeit:*** Der Tod macht uns ehrlich wie nichts sonst, und das ist immens erleichternd für die Seele. Wir könnten diese Erleichterung allerdings jederzeit vor unserem Ende in Anspruch nehmen. Zum Schluss, wenn der Höhepunkt kommt, rückt diese Ehrlichkeit stets in den Vordergrund und lässt viele Menschen für das ihnen Wesentliche kurz vor dem Entschlafen nochmals erwachen. Selbst im letzten Moment kann noch so viel gelernt werden.

Der Tod ist zeitlebens immer da und nah, und wir dürfen sein Geschenk der Selbstehrlichkeit jederzeit annehmen. So ist Ehrlichkeit ein erster allgemeiner und dabei wichtigster Punkt für die *Liste vor der Kiste*. Und jeder könnte sich bereits an dieser Stelle vornehmen, in Bezug auf seine Liste immer ehrlich mit sich zu sein. Ähnlich ergeben sich bereits in diesem einführenden Kapitel weitere allgemeine Punkte, die je nach eigenen Bedürfnissen gleichsam den Kopf der persönlichen Liste zieren könnten.

› ***Das Eigene:*** Der nahende Tod enthüllt auch, was wirklich wichtig war im Leben. Je früher wir das erkennen, desto schöner könnte der ganze Rest werden. Aus fast vierzig Arztjahren und der Erfahrung von Menschen »am Ende« wie auch aus Bronnie Wares wundervollem Buch *5 Dinge, die Sterbende am meisten bereuen* weiß ich, dass vielen erst zum Schluss dämmert, wie wenig sie ihr eigenes Leben gewagt und sich stattdessen bemüht haben, es allen recht zu machen und fremde Erwartungen zu erfüllen. Die eigenen Themen sind dabei oft auf der Strecke geblieben. Sie lassen sich aber über die Rückbesinnung auf versunkene Träume und Wünsche wiederfinden. Dann können die Bereitschaft und der Wille zum eigenen Leben ein zweiter allgemeiner Punkt für die persönliche Liste werden.

Selbst die wenigen, die es schaffen, es allen recht zu machen, gehen noch am Wesentlichen – dem Eigenen, Individuellen und Originellen – vorbei, denn letztlich ist es sogar besser, eigene Fehler als fremde Tugenden zu leben. Es bringt keinen Segen, Erwartungen zu erfüllen, die dem eigenen, originellen (Lebens-)Weg nicht entsprechen. Die Wünsche und Träume der *Liste vor der Kiste* können der ideale Schlüssel zum Eigenen sein.

› ***Arbeit:*** Viele entdecken auch erst spät, dass sie sich viel zu viel Arbeit zugemutet und viel zu wenig (Lebens-)Freude gegönnt haben. Natürlich verleitet unsere Leistungsgesellschaft ganz massiv genau dazu. So könnte der dritte Punkt für die Liste lauten: weniger Arbeit, mehr Leben. Es mag aber andererseits auch Menschen geben, für die er heißen müsste: mehr zu mir passende Arbeit.

› ***Lebensfreude:*** Was Lebensfreude für jeden im Einzelnen heißt, sei dahingestellt. Das Leben verlangt uns Achtsamkeit für eigene Bedürfnisse und Aufmerksamkeit für unsere Umwelt ab, für unsere Nächsten und Liebsten. So bekommen wir auch in diesem Feld eine Chance zu Entwicklung und Wachstum. Meine Erfahrungen mit der Beratung von Paaren zeigten über Jahrzehnte dasselbe Muster: Zu Beginn leben sie ihre Liebe, schenken sich Zeit und Aufmerksamkeit und sind damit glücklich; nach fünf Jahren aber sind sie in aller Regel nur noch mit materiellen Themen beschäftigt, und meist ist auch die Liebe darin untergegangen. Eine gute Übung ist, auf sein Leben zurückblickend Bilanz zu ziehen, wie viel Zeit die Liebe und das, was man selbst liebt, bis heute bekommen haben und wie viel Zeit für materielle Interessen bereits draufgegangen ist.

› ***Gefühle:*** Beim Thema Lebensfreude geht es auch allgemein um mehr Gefühl – für viele von uns ein wichtiger fünfter Punkt. Sterbenden wird oft bedrückend klar, dass sie sich viel zu wenig Gefühlsausdruck erlaubt und sich und anderen damit so viel vorenthalten haben. Auf dem Sterbebett kommen dann oft Gefühle (her-)auf, die Angehörige überfordern, stecken sie doch meist zu tief in ähnlichem Verdrängungsschlamassel – aber besser hier und jetzt, als dass es gar nicht geschieht. Öffnen Sterbende dann manchmal das Füllhorn ihrer ein Leben lang zurückgehaltenen Gefühle, können deren Wellen noch manche Barriere wegspülen und Herzen erreichen und erweichen.

Heutzutage lernen Menschen manchmal erst auf dem Sterbebett – wegen der einkehrenden Ehrlichkeit –, sich mehr zu ihren Gefühlen zu bekennen als in ihrem ganzen Leben davor. Jetzt mag allerdings so viel Ungesagtes und Ungelebtes auf einmal hochdrängen, dass die Gefahr besteht, diesem emotionalen Sturm zu erliegen. Zu den eigenen Gefühlen zu stehen, ist jedenfalls ein vielfach notwendiger allgemeiner Punkt der Liste.

› ***Vergebung:*** Bis zum Schluss wird oft aufge(sc)hoben, sich selbst und anderen zu vergeben. Dabei wäre Vergebung ein weiterer allgemeiner Punkt für die *Liste vor der Kiste*. Mitten im Leben, solange alle noch viel davon haben, wird Vergebung das Leben in großem Maß bereichern. Aus der Arbeit mit Ritualen des Verzeihens weiß ich, wie viel blockierte Energie und Lebensfreude frei wird durch bewusstes ehrliches Loslassen von Vorwürfen. Die Heilkraft des Verzeihens hat schon wahre Wunder bewirkt. Wie unsinnig, jemand anderem etwa ein halbes Leben lang oder länger *nachzutragen*! Nur man selbst hat Last, Belastung und Beschwerden davon. Es ist eigentlich nur eine Frage der Intelligenz, sich mit Groll und Hass rechtzeitig auseinanderzusetzen und solche Lasten loszulassen. Am besten ist, gleich hier und jetzt einen sechsten Punkt auf der Liste daraus zu machen.

› ***Freundschaft:*** Bei hochbetagten Menschen sind Freunde oft nicht mehr zahlreich – sei es, dass sie schon vorausgegangen sind, sei es, dass man sie aus den Augen verloren hat. Sie fehlen dann am Totenbett, aber vor allem in den letzten Jahren, Monaten, Wochen. Wem das letzte Stündlein schlägt, der ist am besten im Kreis seiner besten, engsten Freunde oder Freundinnen aufgehoben. Vorher viel Zeit mit besten Freunden zu verbringen, könnte deshalb ein nächster wichtiger allgemeiner Punkt auf der Liste von vielen von uns sein.

Häufig liegt der Grund für Einsamkeit im Alter einfach darin, dass Freundschaften zu wenig geschätzt und gepflegt wurden. Dass man sich aus den Augen verloren hat, liegt oft auch daran, dass diese auf Banknoten fixiert waren. Gute Noten bei Banken, die sogenannte *Boni*tät, hat mit einem erfüllten Leben aber nicht das Geringste zu tun, eher im Gegenteil. Und die sogenannten Boni, die sich Banker im Selbstbedienungsverfahren genehmigen, um sich vermeintlich Gutes zu tun, zeugen eher von Charakterschwäche und fehlender moralischer Integrität. Zumindest haben die Banker nicht so weit gedacht wie Einstein, der schon wusste: »Alles, was gezählt werden kann, zählt nicht notwendig. Alles, was zählt, kann nicht notwendig gezählt werden.«

Wer vor lauter Geldverdienen, Fremdbestimmung und wirtschaftlicher Zwänge erfüllende Gespräche und verbindenden Austausch versäumt, ist am Ende schlecht dran und sehr allein. Freunde aus den Augen zu lassen, ist ein Fehler, der oft nicht mehr gutzumachen ist, Freundschaften rechtzeitig zu pflegen dagegen wundervoller Bestandteil eines erfüllten Lebens.

Als sich von meinen drei besten Freunden zwei unerwartet früh per Unfall eben gerade nicht verabschiedeten, sondern einfach davonmachten, wurde mir erst bewusst, was wir alles versäumt hatten. Viele Pläne und Träume hatten wir ohne Not aufge(sc)hoben – aber für wann? Robert Louis Stevenson, der schottische Dichter, dem wir das »Schattenstück« *Der seltsame Fall des Dr. Jekyll und Mr. Hyde* und Klassiker wie *Die Schatzinsel* verdanken, sagte: »Wir sind alle Wanderer in der Wildnis der Welt, und das Beste, was wir auf unseren Reisen finden können, ist ein ehrlicher Freund.«

Ähnlich wie mit Freunden ist es oft auch mit scheinbaren Kleinigkeiten. Wenn ich nicht bald anfange, die Bücher zu lesen, die ich noch unbedingt lesen möchte, statt nur meinen Alltagskram durchzusehen, brauche ich eine sehr lange Pensionszeit. Dabei wollte ich eigentlich gar nicht in Pension gehen. Da stimmt doch irgendetwas nicht in meinem Leben … Wem kommen solche Gedanken eventuell bekannt vor?

› ***Disziplin:*** Ein zweischneidiges Schwert ist die Disziplin. Einerseits leiden viele im Rückblick an zu viel Disziplin und Unterwerfung hinsichtlich fremder Erwartungen sowie an selbstschädigendem Gehorsam. Andererseits ist zu wenig Disziplin in Bezug auf eigene Hoffnungen, Träume und Visionen gefährlich. Zu Anfang des Gymnasiums wollte ich noch alle drei alten Grundsprachen unserer Kultur lernen und fing auch begeistert damit an, aber Hebräisch war so anders und schwer und Skifahren so viel spannender, und schon gab ich es auf, nachdem ich gerade mal die Buchstaben konnte. Griechisch fiel späterem Pubertätsstress zum Opfer, und wieder war ich nicht viel über die Buchstaben hinausgekommen. Wäre Latein nicht Pflicht gewesen, wahrscheinlich hätte ich es auch aufge(sc)hoben. Heute finde ich keine Zeit mehr dafür, denke aber wehmütig zurück, wie leicht es mir damals gefallen ist zu lernen, und bedauere, wie viel Inspiration und Freude mir heute entgehen, da ich die Originaltexte nicht lesen kann. Dazu hätte ich damals »nur« mehr Disziplin aufbringen müssen.

Von der Wortbedeutung steckt in Disziplin der Schüler (lat. *discipulus*), allerdings erstreben heute alle rasch Meisterschaft. Dabei lehrt uns östliche Weisheit, wie wichtig es ist, im sogenannten Schüler-Bewusstsein zu bleiben und sofort woanders von Neuem Schüler zu werden, sobald man irgendwo Meisterschaft errungen hat. Die westliche Glücksforschung kann den Vorteil bestätigen: Lernende sind immer messbar glücklicher als diejenigen, die aufgegeben haben, lernend zu wachsen. Schüler-Bewusstsein macht nicht nur glücklich, sondern hilft uns offenbar am Lebensende, wenn unsere Zeit gekommen ist, auch leichter loszulassen und zu gehen. In *Faust II* lässt Goethe den Chor sagen: »Wer immer strebend sich bemüht, den können wir erlösen!«

Wir sollten sicher keine Streber werden, aber es ist in jeder Phase (des Lebens) hilfreich, sich mit Engagement und Disziplin um Ziele zu bemühen. Vor allem wird dies im letzten Lebensabschnitt besonders deutlich, und vor diesem Hintergrund wird Schüler-Bewusstsein zu einem entscheidenden Punkt.

› ***Die innere Stimme:*** Wenn wir im Laufe unseres Lebens – je früher, desto besser – hören, horchen und gehorchen lernen, können wir Letzteres mehr auf unsere innere Stimme beziehen als auf äußere Befehlshaber und -geber. Verbinden wir dann Disziplin mit Konsequenz, werden wir unsere Träume und Wünsche leichter verwirklichen können, und das erleichtert das Loslassen am Ende ungemein. Die innere Stimme hören und zu beachten lernen, wäre also ein guter allgemeiner Punkt.

› ***Ent-Täuschung:*** Ratsam ist, Enttäuschungen frühzeitig durch ein entsprechend mutiges Leben durchzustehen und zu erlösen – und sie sich nicht fürs Totenbett aufzuheben. Wir würden das Leben verfehlen, wenn wir am Ende voller Fehler und Täuschungen daliegen. Wir könnten lernen, in Enttäuschungen die Täuschung zu erkennen und in allen Fehlern Fehlendes zu entdecken und diese Einsichten zu integrieren. Bei Missgriffen oder Fehlern (engl. *mistakes*) werden wir im Grunde aufgefordert, neuerlich und besser zuzugreifen. Haben wir aufgrund unseres Missgeschicks (franz. *malheur*) schlimme Stunden durchlitten, sollten wir auf bessere hoffen. Wir können also verhindern, voller Fehler und Täuschungen *auf der Strecke* zu *bleiben* und bei der Bilanz am Ende in Enge und Angst zu geraten.

»Nur wer wagt, gewinnt«, lehrt das Sprichwort, und das gilt fürs ganze Leben. Wer es wagt und sein Leben lebt, wird am Ende gewinnen, jedenfalls viel eher als diejenigen, die es aufge(sc)hoben haben – um zum Schluss mit allem Offengebliebenen konfrontiert zu werden, mit Rechnungen, die dann nicht mehr oder nur noch sehr schwer und unter Zeitdruck zu begleichen sind.

Gehen wir es an, das Leben. Und wer es wagt, sich Enttäuschungen zu stellen, wer sie als Ende von Täuschungen zu sehen lernt, der wird es leichter haben, sich seine Wünsche zu erfüllen und seine Träume zu verwirklichen, oder er vermag mit jeder Ent-Täuschung Stück für Stück diese Welt der Illusion aus Raum und Zeit mehr zu durchschauen. Aus spiritueller Perspektive können wir sowieso nur gewinnen, denn das eine ist so gut wie das andere, und alles wird gut mit dieser Lebenseinstellung. Fehler und Enttäuschungen als Chancen zu begreifen, ist demnach ein himmlischer, weil dem Himmel näherbringender Punkt auf unserer Liste.

› ***Der Tod als Freund:*** Es ist viel mehr als nur ein guter Trick, den Tod als Freund und Lebenshelfer und manchmal sogar Lebensretter anzuerkennen und einzubinden. Der Familientherapeut Bert Hellinger ließ nach schwerer Krankheit und im bereits hohen Alter auf der Bühne einen Sessel für den Tod aufstellen – direkt neben sich. Der Effekt war tief und verblüffend. Es war einer der Vorträge, die ich nicht vergessen werde. *Letztlich* ist es also nicht erstaunlich und befremdlich, wenn Gevatter Tod in der Literatur als Freund (Hein) dargestellt wird, der hilft, vieles noch in Ordnung zu bringen, bevor es endgültig zu spät ist. Es wird nur ein wenig enger auf der Couch, wenn man spürt, dass er immer neben einem sitzt. Hier ist nicht nur an Hugo von Hofmannsthals *Jedermann* und seinen bayerischen »Kollegen«, Franz von Kobells *Brandner Kaspar,* zu denken. In dem sehenswerten Film *Rendezvous mit Joe Black* erscheint der Tod ganz menschlich und in der Gestalt von Brad Pitt sogar ausnehmend attraktiv. Zum Schluss macht der Tod alle ehrlich und räumt so lange auf, bis alles wieder in Ordnung ist – und niemand kann das besser als er. Lassen wir uns also von ihm helfen, unser Leben aufzuräumen.

Auch Volkslieder widmen sich häufig diesem wahrscheinlich wichtigsten Thema des Lebens, etwa in *Hoch auf dem gelben Wagen*, in dem der Tod als Schwager mit auf dem Kutschbock sitzt. Was auch immer an Themen hochkommt auf der Lebensreise, der Refrain macht klar: »… aber der Wagen, der rollt«. Das Leben folgt seinem Rhythmus, auch wenn einer geht und die Ebene wechselt; der Wagen des Lebens rollt weiter und darüber hinweg. Das Leben macht nicht halt.

Gevatter Tod wird *schlussendlich* auf alle Fälle helfen, vieles selbst noch auf dem Totenbett in Ordnung zu bringen. Darüber hinaus besteht sein besonderes Geschenk an uns darin, ihn schon jederzeit vorher einladen, kennenlernen und seine bereitwillig angebotenen Gaben in Form von Erkenntnissen in Empfang nehmen zu dürfen. Sein größtes Geschenk ist Ehrlichkeit sich selbst, anderen und dem Lebensweg gegenüber. Doch da gibt es noch etwas: Die Franzosen nennen den Orgasmus *le petit mort*, den »kleinen Tod«. Er lässt uns aber nicht die Endlichkeit, sondern die Unendlichkeit erfahren.

Der Tod, der uns unsere Endlichkeit vor Augen führt, verbindet uns mit der Unendlichkeit. Das macht ihn so faszinierend und wichtig. Aber wir können diesem Augenblick von Wirklichkeit in der Zeit auch fern vom physischen Tod begegnen, nicht nur im Orgasmus, sondern etwa auch bei der Meditation. Zen-Meister Deshimaro sagte, er steige in die Grube, wenn er sich zum Zazen setze, und meinte, sein Ego müsse dabei sterben.

Das Ego ist es, das uns an die beiden großen Täuscher, Raum und Zeit, kettet und uns vorgaukelt, wir hätten alle Zeit der Welt, und uns damit von der einzigen Zeit fernhält, in der wir wirklich leben können: dem Hier und Jetzt. Wann immer wir in die Gegenwart eintauchen, wachsen wir über die Endlichkeit hinaus und erfahren Unendlichkeit – das sind Augenblicke des Erwachens.

Alles, was die Illusion zerstört, wir hätten noch alle Zeit der Welt, kann uns helfen, natürlich auch Momente der Lebensfreude, in denen wir wirklich ankommen wie beim Augenblick des Loslassens im Orgasmus, wenn das Ego mitten im Leben sterben kann – für kurze Zeit. Den Tod in Zukunft auch schon in jedem Alter als Freund zu sehen, könnte uns im Leben unglaublich punkten lassen.

Das Beste kommt zum Schluss

Der Filmtitel *Das Beste kommt zum Schluss* scheint allem zu widersprechen, was der westliche Mensch so glaubt. Die Moderne hat in einem beispiellosen Jugendkult den Tod weitestgehend verdrängt. Das hat allerdings kaum jemanden glücklich und das Ende zu einem Desaster gemacht. In Heime und Asyle abgeschoben, fühlen sich die Alten, deren Zahl obendrein überproportional zunimmt, weder wohl noch angenommen. Und so werden wir entsprechend dem Schattenprinzip auch auf allen Ebenen immer mehr mit dem Thema Alter konfrontiert, gerade weil wir es nicht mögen. Daten und Fakten dokumentieren die Überalterung der Gesellschaft. Die Alterspyramide ist schon längst keine mehr, sondern zeigt Ausformungen wie ein umweltgeschädigter Baum, der mit seinen Fluchttrieben an der Spitze eine Art Storchennest bekommt. Während Hundertjährige längst keine Seltenheit mehr sind, scheinen es Paare zu sein, die mehr als zwei Kinder bekommen. Viele wollen nur ein Kind und die meisten keins. Die Renten der vielen Alten seien von den wenigen Jungen kaum mehr zu finanzieren, heißt es, und auch das lässt alte Menschen sich nicht gerade beruhigt zurücklehnen und zufrieden entspannen. Sie erhöhe ständig die Lebenserwartung, hören wir von der Schulmedizin, dabei ist es bestenfalls die Alterserwartung, die wir erhöhen. Kindheit und Jugend, die wir so schätzen, werden im Gegenteil immer kürzer. Inzwischen kommt über die Hälfte der US-Kids in die Geschlechtsreife, bevor sie zehn sind, und zwar wegen der Mast mit Tierprotein und besonders Milch(produkten) voll von Wachstumsfaktoren. Die Jugendzeit wird ebenfalls verkürzt durch Herabsetzung der Volljährigkeit, denn Politiker hoffen, zum Dank von eben diesen Jungen gewählt zu werden. Länger wird dagegen nur die Zeit von der Lebensmitte bis zum Tod und damit das Alter, das wir so gar nicht mögen und am liebsten verdrängen. Aber gerade das, was wir ablehnen, drängt das Schicksal uns nach dem Schattenprinzip auf.

Vor diesem Hintergrund behauptet nun dieser amerikanische Film gegen jeden Trend, das Beste käme zum Schluss, und belegt das auch noch mit bewegenden Bildern und dem besten, was Hollywood an Schauspielern zu bieten hat. Der Film ist wie eine Therapie(stunde), und tatsächlich lässt sich daraus mit wenig Aufwand eine wundervoll einfache, wirksame und dabei extrem (preis-)günstige Therapie fürs Leben entwickeln – und in meinen Augen brauchen wir alle Psychotherapie. Schon vor Jahrzehnten sagte der Gestalttherapeut Irving Polster, Psychotherapie sei zu schade, um Kranken vorbehalten zu bleiben. Selten hatte jemand so Recht.

Damit meine ich nun nicht, alle sollten zum Analytiker gehen. Wir brauchen weder eine weitere die archetypisch männliche und sowieso schon übermächtige linke Gehirnhälfte betonende Analyse noch neues Futter für unseren nimmersatten Intellekt. Das bringt, wie der US-Großversuch in den Achtzigerjahren gezeigt hat, erschreckend wenig, höchstens dass die Filme von Woody Allen nach unzähligen Analysestunden deutlich besser geworden sind. Ich meine hier wirkliche Therapie mit tiefem Eintauchen in die Seelen-Bilder-Welt, um Zugang zum eigentlichen Leben mit seinen Empfindungen und Gefühlen, seinen Bildern und Visionen zu bekommen. Aus solch neuem Erleben des Lebens ergeben sich andere Schwerpunkte und Perspektiven, und wir kämen zurück zur alten Einschätzung und Ordnung, wie sie etwa das klassische Indien kennt. Dort sind idealerweise die ersten einundzwanzig Lebensjahre dem Lernen vorbehalten, die zweiten einundzwanzig der Familiengründung und dem Berufsleben, die dritten einundzwanzig dem Konsolidieren des Erreichten, um sich anschließend lösen zu können. Denn mit dreiundsechzig Jahren beginnen die letzten einundzwanzig Jahre der spirituellen Vervollkommnung mit dem Höhepunkt in der (Er-)Lösung des Heimgangs, dem Tod. Dieses letzte Viertel ist der – jedenfalls für Inder – entscheidende Quadrant des Entwicklungskreises, auf den alles hinausläuft. Daran lässt die östliche Philosophie wenig Zweifel. Das wird auch noch gelebt, etwa in Bali, wo das Alter und mit ihm die Alten in hohen Ehren stehen. Insofern illustriert der Film *Das Beste kommt zum Schluss* eine alte Idee und schlägt eine längst überfällige Korrektur des modernen Lebens vor. Außerdem lädt er dazu ein, über seine Bilderwelten in unsere eigenen einzutauchen und beide zu verknüpfen, bis wir in Trance geraten und *Trance-formation* erleben, das heißt, dorthin zu gehen, wo wirkliche Psycho- im Sinne von Seelentherapie geschieht.

So gesehen bieten gute Filme eine wundervolle Chance, sich selbst besser kennen- und mehr schätzen, ja lieben zu lernen, und ich empfehle sie gern als Therapie, verbunden mit speziellen Aufgaben. Das bringt viel und kostet (fast) nichts. Tatsächlich gibt es viele brillante *Spiel*filme, die uns spielend und spielerisch auf die Sprünge helfen und weiterbringen können. Mir ist es jedenfalls oft so gegangen und hat mich zu einem ausgesprochenen Filmfan gemacht.

Fast immer handeln Spielfilme von fremden, aber an eigene Muster und Erfahrungen erinnernden Lebensgeschichten, die uns in Resonanz mit unseren (Ur-)Mustern beziehungsweise Archetypen bringen. So können sie Träume wecken und aufleben lassen, zu neuen Träumen verleiten und die Seele berühren; sie regen das Mitfühlen und Lernen an. Oder mit den Worten von Eleonore Roosevelt: »Die Zukunft gehört denen, die an Träume glauben.« Müsste ich einen Film aussuchen, der mir und meinen Patienten diesbezüglich am meisten geholfen hat, fällt mir sofort *Das Beste kommt zum Schluss* (*The Bucket List*) ein. Manche haben diesen Film mit Morgan Freeman und Jack Nicholson in den Hauptrollen schon gesehen. Wenn noch nicht, umso besser! Dann hat man dieses Vergnügen noch vor sich, und das erste Mal ist immer etwas Besonderes. Ich habe den Film sicher zehnmal erlebt und mag ihn eigentlich immer mehr. Er hat trotz seines Ernstes viel Witz und für Hollywood-Verhältnisse verblüffende Tiefe; er ist außerdem im Sinne der Krankheitsbilder-Deutung sehr stimmig, von wundervollen Darstellern getragen und in meinen Augen insgesamt ein Meisterwerk.

Es kann uns helfen und viel Zeitverlust im Leben ersparen, wenn wir uns einmal intensiv mit *Das Beste kommt zum Schluss* auseinandersetzen. In dieser Tragikomödie ist zu erleben, wie zwei Menschen verschiedenen Temperaments, unterschiedlichster sozialer Herkunft und Lebenswelt angesichts der erschreckenden Diagnose Lungenkrebs zu Freunden und Verbündeten in Sachen Lebensfreude werden. Als sie scheinbar nichts mehr zu verlieren haben, entdecken die Todkranken, was ihnen wirklich wichtig ist. Bevor sie den Löffel abgeben müssen, haben sie schnell jeweils ihre »Löffelliste« (*bucket list*) aufgestellt und machen sich daran, die Zeit zu nutzen, um Spaß zu haben und ihre Leichtigkeit wieder zu spüren. Das Beste für uns Zuschauer ist aber noch viel besser, denn der Film lässt uns spontan erkennen, dass wir gar nicht bis auf eine Krebsdiagnose und gescheiterte Chemo warten müssen. Wir können in diesem Moment anfangen, wirklich zu leben, unser eigenes originelles, ganz persönliches Leben.

Eigentlich ist *The Bucket List* der Film zum Buch oder *Die Liste vor der Kiste* das Buch zu diesem himmlischen Film. Himmlisch, weil er uns tatsächlich mit dem Himmel, unserer Bestimmung, verbinden kann und dazu noch mit unseren Wurzeln im irdischen Leben. Jedenfalls rate ich, ihn sich als anmachende, im Sinne von öffnender Übung zur Eigenentwicklung erst- oder nochmals anzuschauen. Anmachend auch, weil uns diese »Filmtherapie« wieder einschalten kann, falls wir schon abgeschaltet und uns aus Leben und Entwicklung ausgeklinkt haben. Wichtig ist, sich zuvor Papier und Stift bereitzulegen, denn gleich nach dem Anschauen des Films geht es um die eigene, ganz persönliche *Liste vor der*

Kiste. Sie kann zu wundervoller Lebenshilfe werden – ich persönlich habe meine Liste immer dabei.

Und jetzt rate ich, den Film auf sich wirken zu lassen mit all seinen kleinen Feinheiten und Stimmigkeiten und gleich anschließend in dieser Stimmung, die erste eigene »Lebensliste« zu erstellen oder sie zu überarbeiten und zu ergänzen. Nach dem Filmerlebnis befinden wir uns sowieso in einer Art Trance und können den musikalischen Abspann nutzen, um in dieser angerührten Stimmung einen Moment der (Selbst-)Ehrlichkeit – vielleicht statt sonst üblicher Selbstherrlichkeit – zu genießen und offene Wünsche Punkt für Punkt zu Papier zu bringen, sogar die ganz großen. Wer mag, kann anschließend auch noch mit anderen über seine Liste sprechen. Unter Umständen wird er wie der Filmheld Edward Cole (Jack Nicholson) einen Partner finden für eine gemeinsame Reise zur Verwirklichung (noch) ungelebter Träume. Hier liegt nur dann eine Gefahr, wenn jemand wie der andere Filmheld Carter Chambers (Morgan Freeman) die eigene Frau als Kompagnon wählt beziehungsweise sie ihn. Das wird in solch einem Fall von Dominanz nicht gutgehen, da das alte Muster der Verhinderung von Lebens- und Selbstverwirklichung dadurch nur noch stabilisiert wird. Aber es könnte natürlich auch der eigene Partner sein, wenn beide sich idealerweise wirklich die Freiheit schenken, ureigene Erfahrungen zu machen, und sich einander zugestehen und gönnen zu leben, was noch offengeblieben ist. Und wenn beide Partner zwischendurch immer wieder am gleichen Strang ziehen, kann eine gemeinsame Lebensliste eine große Liebe noch vertiefen und bereichern.

Ein urprinzipieller Vorgeschmack

Jetzt möchte ich Sie auf eine Reise mitnehmen zur Überarbeitung und vielleicht Erweiterung Ihrer ursprünglichen (Film-)*Liste vor der Kiste.* Ziel ist es, Ihre Fantasie anzuregen, Sie auf Ideen zu bringen, um alle wesentlichen Aufgaben und Herausforderungen zumindest ins Auge zu fassen und um letztlich zu verwirklichen, was Sie lebendig macht und hält. Natürlich kann ich nur Anregungen und Vorschläge anbieten, denn wie schon C. G. Jung sagte: »Die Schuhe, die jemandem passen, drücken jemand anderen. Es gibt kein Lebensrezept, das für alle passt.«

Wie kann ich mir dennoch herausnehmen, Ratschläge zu geben, was in Ihrem Leben noch fehlen könnte, was Sie vielleicht noch brauchen, ohne Sie überhaupt persönlich zu kennen? Ich stütze mich dabei auf die alten Traditionen und ihr System der Ur- oder Lebensprinzipien; sie geben auch Ihnen die Sicherheit, nichts zu vergessen. Es geht darum, den Wunschzettel an der ganzen Fülle der Möglichkeiten und am ganzen Spektrum der Wirklichkeit zu messen, und dazu sollten Sie Folgendes wissen:

Die Einheit zerfällt zuerst in Yin und Yang, weiblich und männlich. Das weibliche Yin lässt sich in die beiden Elemente Wasser und Erde, das männliche Yang in Feuer und Luft unterteilen. Aus diesen vier Elementen folgen die zwölf Ur- oder Lebensprinzipien, denn jedes Element ist in drei Aspekte unterteilbar, in einen anfänglichen kardinalen, einen mittleren fix(iert)en und einen labilen. Nehmen wir als Beispiel das Element Wasser: Das ruhige Wasser der Teiche und Bäche ist kardinal, das verschlingende

Wasser der Moore und Sümpfe fix und das unendlich weite der Meere und Ozeane labil. Werden alle vier Elemente nach diesem Dreischritt untergliedert, kommen wir zum Entwicklungskreis der (vier mal drei) zwölf Ur- oder Lebensprinzipien. Der Ausdruck Archetypen trifft auch, wird aber häufig und vor allem von C. G. Jung für alle möglichen seelischen Muster verwendet. Wir könnten diese zwölf Grund- oder Lebensthemen einfach durchnummerieren; nach klassischer Art werden sie mit den Namen der Stern- oder Tierkreiszeichen belegt, was jedoch noch nichts mit Astrologie zu tun hat.

Indem wir diese zwölf archetypischen Urmuster als Hintergrundwissen nutzen, stellen wir sicher, nichts Wesentliches auszulassen. Vergewissern Sie sich also zum Schluss, dass Sie auf Ihrer Liste zu allen Urprinzipien Punkte aufgenommen haben, damit kein wesentliches Lebensthema außen vor bleibt.

1. Beim ***Aggressions-*** oder ***Marsprinzip*** geht es darum, den Mut zu entwickeln, erste Schritte in Neuland zu unternehmen, sich neue Räume zu erobern – im Hinblick auf konkrete Vorhaben, vor allem aber auch auf Bewusstseinsräume. Das Marsprinzip könnte also dadurch erlöst werden, einmal den Mut aufzubringen, etwas wirklich Neues zu tun, das uns reizt und herausfordert. Es ist auch entscheidend, wenn wir unseren Platz im Leben erobern und wenn wir Entscheidungsfähigkeit, Konfrontationsbereitschaft und Zivilcourage entwickeln. Für eine gute Sache zu kämpfen, ist eine wundervolle Herausforderung und Einlösung dieses Prinzips, wobei man auch bewusst Risiken eingeht.

Eine Sportart erlernen, die Mut erfordert, oder auf einer (Foto-) Safari gewagte Aufnahmen von wilden Tieren zu *schießen* oder Rafting- und Canyoning-Touren zu unternehmen, passen zu diesem Prinzip, ebenso der Sprung vom Zehnmeterbrett oder nur ein

Kopfsprung ins Wasser, eine Fahrt mit der Achterbahn samt Dreifachlooping, natürlich auch ein Feuerlauf und alle anderen Mutproben, die wirklich herausfordern. Ganz im Sinne von Mars ist auch das Erlernen von Kampfkunst inklusive der Vertiefung in ihre Philosophie oder Reiten im Cowboy-Stil im gestreckten Galopp über Stock und Stein. Vor allem ist mutiges, grenzüberschreitendes Denken bis in neue Bereiche und die Eroberung von geistigem Neuland gefragt. Einen alten Streit mutig beizulegen und seine Hintergründe offen(siv) zu klären, gehört in dieses Feld, zum Beispiel auch die eigene Geburt nochmals im Rahmen einer Therapie oder in einer Sitzung mit dem Verbundenen Atem zu erleben oder sich bei einer Primärtherapie oder Dynamischen Meditation die ganze Wut aus dem Leib zu brüllen.

2. Das ***Stier-Venusprinzip*** fordert, unseren Platz in der Welt und im Leben zu finden und zu sichern. Besitz und materielle Werte sind hier äußerer Ausdruck von Selbstwertgefühl, das so wichtig ist. Wir sollten das eigene Revier abstecken und es auf Dauer anlegen und genießen. Im Rahmen eines Rituals könnten wir Mutter Erde mit allen Sinnen spüren lernen. Denkbar ist auch, Naturrituale und Feste im Jahreskreis zu feiern, etwa Beltane und andere Fruchtbarkeitsriten nach dem Vorbild alter keltischer Tradition. Die intensive sinnliche Naturerfahrung wird hier zur Kraftquelle.

Verwurzelung und Erdung, Verbundenheit und Beständigkeit sind im Reich von Stier-Venus Grundbedürfnisse, dazu gehört auch aller Sinnengenuss. Einmal einen Sommer auf einer schönen Alm zu verbringen, wäre folglich ein passender Punkt für die

Lebensliste. Gartenarbeit und sich für Umwelt und Natur zu engagieren oder eine Vereinsgründung zu diesem Zweck entsprechen ebenfalls diesem Urprinzip. Man könnte sich aber auch in der eigenen Heimatgemeinde engagieren (in Verwaltung oder Politik), um diese bewusst als Heimat zu erhalten und ihre Schätze zu pflegen.

Der Steigerung des eigenen Selbstwertgefühls mag es dienen, sich selbst für alles bereits Erlebte und Erreichte Anerkennung zu schenken. Gleichzeitig ist die bisherige Einstellung zu Besitz auf den Prüfstand zu stellen. Aus der Perspektive von Stier-Venus ist Besitz auch Verpflichtung, und die Pflege von Landschaft und Tradition ist gleichermaßen Herzensanliegen. Das eigene Zuhause spielt eine große Rolle und könnte gefeiert und genossen werden im Kreise der Nächsten, etwa bei kulinarischen und musischen Festen.

Einmal nach Herzenslust Spezialitäten zu schlemmen bei entsprechender Volksmusik oder kulinarische Reisen zu unternehmen, könnte reizen, etwa ein Besuch beim Oktoberfest mit reichlich Bier und rustikalem Essen aus der Hand. Man könnte einmal etwas kosten, das man noch nie gegessen hat und auch nie essen wollte, oder in einem Ritual sehr bewusst (s)einen Baum pflanzen oder einen ganz Tag lang überall hin barfuß gehen, sich vielleicht auch einen ganzen Sommer lang täglich barfuß erden.

3. Das ***Zwillinge-Merkurprinzip*** lädt dazu ein, sich mit den Themen Kontakt und Kommunikation – mit Menschen, der Welt und dem Leben – intensiver zu beschäftigen. Es herrscht hier die Grundstimmung, allem neugierig und offen zu begegnen, die Welt zu erforschen und immer wieder Neues dazuzulernen. Wir könnten erleben, welche Freude es macht, sich mitzuteilen und ganz offen und wach zuzuhören. Diese Offenheit, Klugheit und Flexibilität bereichern das Lebensgefühl.

Eine Fremdsprache zu lernen oder Nachhilfepate zu werden für ein ausländisches Kind, und diesem beim Lernen und Einstieg in die neue Kultur zu helfen, könnten passende Punkte für die Liste sein. Eine kleinere Herausforderung wäre das Einlösen aller Brief- und Mail-Schulden. Wie wäre es, spontan Menschen anzurufen, mit denen man schon immer mal reden wollte, auf Facebook oder im Netz nach alten Freunden zu fahnden und wieder mit ihnen in Kontakt zu treten. Das Gefühl, vernetzt zu sein, könnte mehr Aufmerksamkeit verdienen.

Die Chance, mit Gott und der Welt in Kontakt zu treten und überall dabei zu sein, seine Interessen auszuweiten und auf Facebook oder Twitter noch weitere neue Kontakte hinzuzugewinnen – all das lässt sich genießen. Das könnte auch heißen, in einer Espressobar mitten im Trubel ganz einfach zu *sein*, das Ohr am Puls des Zeitgeistes, oder Menschen, die vollkommen anders sind, die aus anderen Kulturen oder einer anderen Schicht stammen, kennenzulernen und sich für sie zu interessieren: Wie kommt ein Clochard unter die Brücke, oder wie lebt es sich als Förster? Oder ganz im Gegenteil könnte die Herausforderung darin bestehen, eine Woche lang auf jede Form von Kommunikation zu verzichten, um mit sich selbst, mit seiner Seele in Kontakt zu kommen, oder sich sogar eine längere Zeit des Schweigens und Rückzugs zu gönnen.

4. Beim ***Mondprinzip*** werden wir dazu angeregt, uns der eigenen seelischen Identität bewusst zu sein. Es geht zudem darum, sich selbst als (mit-)fühlendes Wesen zu erleben, eingebunden in den Rhythmus von Natur und Welt. Hingebungsvolle mütterliche Liebe gegenüber allen Lebewesen zu empfinden, ist hier Lebensaufgabe. Konkret heißt das zum Beispiel, ehrenamtliche Arbeit wirklich als Ehrenamt wahr- und wichtig zu nehmen und dies im Rahmen einer gemeinnützigen Organisation wie der *Tafel* auszuleben oder in der Sorge für ein Patenkind.

Wir folgen dem Mondprinzip, wenn wir uns ein Nest bauen, einen Familientag gestalten, es dabei so richtig gemütlich angehen lassen und Familiengefühl leben, wie schon lange nicht mehr, und ganz bewusst all das annehmen, was andere spießig (an einem) finden. Gönnen wir uns doch einmal ganz bewusst etwas, das als kitschig, peinlich, uncool gilt. Nicht zu vergessen die Möglichkeit, sich die Welt sogar ganz bewusst schönzutrinken, sich gemütlich zu »bedudeln«. Oder wir pflegen und hegen den eigenen Garten, verschönern den Balkon und freuen uns an unserem grünen Daumen; vielleicht machen wir einen Wintergarten zu unserem eigenen kleinen Paradiesgarten, um uns darin einfach wohlzufühlen und die Seele baumeln zu lassen.

Wir könnten den Eltern einen Überraschungsbesuch abstatten und ihnen für das eigene Leben danken und sagen, wie sehr wir sie lieben – oder uns in die Rolle von Mutter oder Vater versetzen und dem Kind, das heißt uns selbst, einen Brief zur Geburt schreiben und mitteilen, wie wir uns angesichts all der auf uns zukommenden Verantwortung fühlen. Sehr inspirierend ist auch, sich viel

Zeit zu nehmen und sich das Leben einer Groß(en)Mutter oder eines Groß(en)Vaters in aller Ausführlichkeit erzählen zu lassen und darüber nachzusinnen oder sogar zu schreiben wie Marcel Proust *Auf der Suche nach der verlorenen Zeit* – ohne es vielleicht auf so viele Bände bringen zu müssen. Es kann auch dazu inspirieren, Ahnenforschung in eigener Sache zu betreiben und das Ergebnis in Gestalt eines Stammbaumes auf einer eigens arrangierten Familienfeier zu enthüllen, damit alle etwas davon haben.

5. Beim ***Sonnenprinzip*** ist alles andere als Schüchternheit gefragt. Wir dürfen uns in den Mittelpunkt stellen, einmal richtig glänzen, beispielsweise ungeniert Karaoke singen, in großer Aufmachung in die Spielbank gehen, locker 100(0) Euro einsetzen und dabei erleben, wo die eigenen Grenzen sind und das Herz zu klopfen beginnt.

Überhaupt will man im Zeichen der Sonne die Herzensthemen und Anliegen spüren und umsetzen und seine Kreativität und Lebensenergie einsetzen. Wir sollten nicht zögern, bewusst all das zu delegieren, was auch andere bewerkstelligen können, und uns lieber vorbehaltlos unserem Herzensthema widmen. Dazu gehört auch, allen zu danken, die so vieles für einen erledigen, sie anzuerkennen, die eigene Dankbarkeit dafür in sich zu suchen und zu übermitteln. Überhaupt ist einmal darauf zu achten, wie viel andere für einen tun und was man für sie tun könnte.

Etwas richtig und aus ganzem Herzen gut und von allen bewundert auf die Bühne (des Lebens) zu bringen, ist eindeutig sonnenhaft. Etwa bei jedem Blick in den Spiegel sich bewusst sagen: »Ich liebe dich!« Einem völlig fremden Menschen eine unerwartete Freude machen. Bewusst in andere Rollen schlüpfen und Kleidung tragen, die man noch nie getragen hat und eigentlich auch nie tragen würde, um sich in der fremden Rolle zu spüren und von allen sehen zu lassen, etwa in der eines Punkrockers, und Max Reinhardts Erkenntnis nachfühlen: »Der wahre Schauspieler ist von der unbändigen Leidenschaft getrieben, sich unaufhörlich in andere Menschen zu verwandeln, um in den anderen am Ende sich selbst zu entdecken.«

Letztlich werden im Sonnenprinzip idealerweise auch die eigene Herzenswärme und Güte kultiviert und mit Großzügigkeit sowie mit Autorität und Authentizität verbunden. Wir können unsere Zentriertheit und unser Selbstbewusstsein nutzen, um Großes zu bewegen und hochfliegende Träume wahr zu machen.

6. Dankbarkeit ist das große Thema des ***Jungfrau-Merkurprinzips,*** insofern gilt es hier, wirklich Ernte-Dank-Feste zu feiern. Eine passende Aufgabe wäre, all jenen zu danken, denen Dank gebührt. Oder besser noch eine ganze Woche Danksagen für das, was von allen Seiten täglich für uns geschieht. Genießen wir also die große Anpassungsfähigkeit an die vorgefundenen Lebensbedingungen in Dankbarkeit und Bescheidenheit und mit aller gebührenden Demut. Ein wichtiges Thema ist in diesem Zusammenhang auch, das eigene Leben und das anderer immer wieder in Ordnung zu bringen mit der notwendigen Sorgfalt und Achtsamkeit, mit guter Beobachtungsgabe und Vernunft – als eine Art Zen des Alltagslebens.

Unbedingt wäre die eigene Ernährung dem aktuellen wissenschaftlichen Wissensstand anzupassen und sie auf pflanzlich-vollwertige Nahrung im Sinne von *Peace Food* umzustellen, und zwar der eigenen Gesundheit, der Beseitigung des Hungers in der Welt, der Ökologie und den Tieren zuliebe. Und wenn es noch nicht geschieht: vor jedem Essen ein Tischgebet des Dankes sprechen.

Wer in Verbindung mit dem Jungfrau-Merkurprinzip steht, wird die eigene Situation genau analysieren wollen, den Zukunftssorgen gern eine Stunde Beachtung schenken und alle Eventualitäten prüfen. Das heißt, sich bewusst all die Sorgen zu machen, die gerechtfertigt sein könnten – in gesundheitlicher und gesellschaftlicher Hinsicht. Anschließend sollten wir aber über Mark Twains Erkenntnis meditieren: »Es gibt unglaublich viele Sorgen, aber die meisten treten nie ein.«

Ratsam ist auch, sich Vorteil und Konsequenz echter Vorbeugung im Sinne von *Krankheit als Symbol* klarzumachen und sich auf diese Weltsicht einzulassen, statt viele Tage mit Gesundheitssorgen und allen möglichen Früherkennungsmaßnahmen zu verschwenden. Man könnte auch einmal eine homöopathische Arzneimittelprüfung wagen, um zu erleben, wie es ist, in das Wesen eines Tieres, einer Pflanze oder sogar eines Minerals einzutauchen und es aus dem Herzen heraus zu verstehen.

Empfehlenswert ist, für einen genau definierten Zeitraum Sorgen bewusst beiseitezulassen, also zu üben, sich eine Woche alle »Beschwerden« ans Universum zu untersagen – auch »Bestellungen«, denn sie sind ja auf der Kehrseite nichts anderes als Beschwerden, die langfristig das Leben schwer machen.

7. Eine gute Herausforderung im Rahmen des ***Waage-Venusprinzips*** besteht darin, sich einen Monat oder wenigstens eine Woche lang ganz auf den eigenen Partner einzulassen und einfach mit ihm oder ihr in Harmonie zu gehen, gleichgültig wobei und gleichgültig wofür er oder sie sich gerade interessiert. Oder einen schon lange überfälligen Liebesbrief vorbehaltlos schreiben und wirklich absenden; einem Menschen die eigene Liebe ohne Einschränkungen gestehen und ihm seine ganze Zuneigung schenken; eine Flirt-Schule besuchen und sich auf entsprechende Erfahrungen einlassen.

Vielleicht genügt es auch, einmal uneingeschränkt und vorbehaltlos Sympathie zu zeigen: einen ganzen Tag lang jedem ein freundliches, offenes Lächeln schenken, ein Kompliment machen, eine Freundlichkeit erweisen und schauen, was sich daraus ergibt. Möglicherweise verlangt diese Erfahrung nach Verlängerung, vielleicht ist sie die Offenbarung für alles weitere Zusammenleben.

Kleine Punkte wären, einmal eine Modenschau mitzuerleben, einen Tag der Schönheit und Ästhetik zu widmen, sich zu pflegen und verwöhnen zu lassen vom Masseur bis zum Friseur – auch als Mann. Oder – wenn man so etwas noch nie getan hat – einmal einen ganzen Tag lang in eine Kunstausstellung zu gehen und sich Bilder und Plastiken anzusehen oder den ersten Besuch einer Opern- oder Ballettaufführung zu zelebrieren, vielleicht sogar an einer der großen Bühnen anlässlich einer Ferienreise. Oder gehen wir doch mal zu einer Filmpremiere mit all den Promis und Schönen, falls das einen Reiz hat.

Zu den Lebensgenüssen, die hier verwirklicht werden wollen, gehört auch, einmal so richtig vom Feinsten zu essen – nicht viel, aber von höchster Qualität und mit allem Drum und Dran an einem schön gedeckten Tisch bei Kerzenlicht, untermalt von Musik. Wir könnten uns auch daranmachen, unsere Traumwohnung einzurichten, und dazu die entsprechenden Designerkataloge wälzen und an der Umsetzung Spaß haben.

Was immer man auch tut, nach dem Prinzip von Waage-Venus verlangt es Achtsamkeit für Ausgewogenheit und wahre Harmonie im Sinne des goldenen Schnittes. Der Sinn für (innere) Schönheit und Ästhetik möchte mit ins Spiel (des Lebens) gebracht werden. Entscheidend ist, liberal und höflich sowie mit erlesenem Geschmack zu Werke zu gehen, um ausgleichend auf die Gegenpole zu wirken; ein Gleichgewicht der Kräfte und harmonische Partnerschaften sind der Gewinn.

8. Alles in Frage stellen und radikal anders und tiefgründiger denken – diesen Anspruch finden wir beim ***Plutoprinzip***. Das kann bedeuten, einen Tag oder mehr der eigenen dunklen Seite zu widmen – angefangen bei der Lektüre von *Das Schatten-Prinzip* und der Inspiration durch die CD *Schattenarbeit* bis hin zur vierwöchigen Schattentherapie. Im Grunde geht es darum, sich der größten Angst todesmutig zu stellen und sie (und sich) so zu überwinden.

Vieles mag dazu beitragen, dem Plutoprinzip näherzukommen, zum Beispiel etwas verschenken, woran das eigene Herz besonders hängt; die Ausstellung *Körperwelten* besuchen und mit dem Tod auf vertrauten Fuß kommen, sich zu ihm, in seinen Schatten setzen. Auch an Friedhofsbesuche um Mitternacht wäre zu denken und sich vielleicht sogar einmal auf das Grab eines Vorfahren zu legen. Oder Bücher des Marquis de Sade oder *Shades of Grey* lesen und eigene Sadomaso-Ambitionen ausloten; sich in einem Sexshop beraten lassen und entsprechend einkaufen. Oder ein Foltermuseum, die Folterkammer einer alten Burg inspizieren. Oder eine Woche lang alles ablehnen, was an einen herangetragen wird und die folgende Woche allem zustimmen. Oder eine schamanistische Schwitzhütten-Zeremonie durchleben.

Bedeutsam ist, bei allem die große seelische Kraft und radikale Wandlungsfähigkeit und das Stirb-und-werde-Prinzip im Auge zu behalten und einmal bewusst den wichtigen Dingen des Lebens auf den Grund zu gehen, und zwar mit Selbstüberwindung und -beherrschung sowie mit Opferbereitschaft.

9. Das ***Jupiterprinzip*** verbindet uns in besonderem Maß mit Lebensfreude und Glück. So mögen wir uns dazu inspiriert fühlen, einen Freudentag liebevoll zu gestalten. Ein wichtiges Thema ist dabei auch die Pilgerreise ins eigene Innere oder eine Reise um die Welt zu den Quellen der großen Religionen. Es ist vielleicht von Gewinn, Gotteshäuser und Tempel anderer Kulturen zu besuchen und sich auf diese Eindrücke einzulassen. Das kann bedeuten, einmal an einem uns fremden religiösen Ritual teilzunehmen und in diese andere Glaubenswelt einzutauchen, auf Sinn- und Visionssuche zu gehen, die Bibel oder andere heilige Schriften zu studieren, sich auf Gottessuche zu begeben.

Neben dem spirituellen Suchen und Finden steht die Beschäftigung mit Philosophie, zum Beispiel anhand der Schriften eines Philosophen, von dem man schon gehört hat und der fasziniert.

Eine unterhaltsame Geschichte des Denkens wie *Sofies Welt* von Jostein Gaarder mag dazu anregen, sich in einen der philosophischen Ansätze zu vertiefen.

Es liegt bei diesem Urprinzip auch nahe, über Glücksforschung zu lesen und sich Übungen zum Glückserleben zu widmen. Außerdem könnte dazu gehören, einmal genießerisch ein Gelage, die eigene Orgie zu veranstalten, sich Luxus zu gönnen, ein dickes Auto zu fahren und großzügig zu schenken und sich an der begeisterten Reaktion der Beschenkten zu erfreuen.

Ganz Jupiter ist, Versöhnung und Toleranz zu üben – etwa indem wir einem Asylbewerber großzügig helfen –, Freude zu stiften, Humor zu verbreiten, andere mit Weitblick zu fördern, zum Gönner und Mäzen zu werden, den Funken der Begeisterung überspringen zu lassen, Brückenbauer zu werden und Weisheit wie auch Vertrauen in den Sinn des Lebens zu verbreiten. Das alles – mit einer großen Portion Optimismus im Hinblick auf Wachstum auf allen Ebenen – gehört zur »Jupiterliste«.

10. Das ***Saturnprinzip*** führt zum Wesentlichen. Das kann bedeuten, sich einen Monat lang in jeder Hinsicht zu beschränken und dabei das Minimum auszuloten, das man wirklich braucht. Versuchen wir doch mal, es ohne viel Konsum zu schaffen.

Sehr anschaulich ist auch, einen Karton mit Dingen zu füllen, die das Wesentliche, das von uns einmal bleiben wird, symbolisieren – und dazu noch die eigenen Lebenserinnerungen für die Nachkommen aufzuschreiben.

Gespräche, die wir mit einem wichtigen Menschen über den

Tod führen, oder das Notieren von Wünschen für die Gestaltung der eigenen Begräbnisfeier sowie des Textes für den Nachruf sind eine aufschlussreiche Beschäftigung mit dem Saturnprinzip, die uns vieles lehren kann.

Unter Saturns Einfluss sind wir dafür sensibilisiert, nichts mit ins Grab zu nehmen und einen sauberen Schlussstrich zu ziehen, um Angehörigen keine Arbeit mehr zu machen. Das kann bedeuten, ein Testament ganz korrekt nach offiziellen Richtlinien zu erstellen und ein weiteres Testament aus Seelensicht zu formulieren; einen Abschiedsbrief an seine Lieben zu schreiben.

Um uns dem Saturnprinzip hinzugeben, könnten wir einige Tage oder eine ganze Woche in einem völlig dunklen Raum verbringen und in die eigene dunkel Nacht der Seele eintauchen. Oder wir nehmen uns eine Woche für alles Anstehende doppelt so viel Zeit wie gewohnt; besuchen einen alten Menschen im Altersheim und hören uns geduldig dessen Lebensgeschichte an; leben einen Tag mit Ohrstöpseln völlig taub; sagen eine Woche zu allen Angeboten Nein und erleben, was das bringt.

Mit Saturn lassen sich auch Tage der Arbeit feiern. Es geht um konsequente harte und fleißige Tätigkeit mit dem Ziel, etwas Beständiges, Bleibendes zu schaffen. Mit Saturn wollen wir Disziplin üben und Struktur ins Leben bringen. Das kann bei einer Klettertour im Fels geschehen – langsam und stetig aufsteigend, verlässlich und gut gesichert –, beim Besuch einer Eishöhle, bei der Durchwanderung einer (Salz-)Wüste oder während einer Woche im (Zen-)Kloster unter Teilnahme an allen Exerzitien oder bei unserem Seminar *Fasten – Schweigen – Meditieren.*

Zum Saturnprinzip gehört, mit Geradlinigkeit und Disziplin seine Kreise zu ziehen, weise Selbstbeschränkung zu üben und seine Fähigkeit, das Wesentliche zu erkennen, zu nutzen. So heißt es hier: »Weniger ist mehr.« Bestenfalls bringen wir Ausdauer, gepaart mit Arbeitsfreude und Verantwortungsgefühl zum Einsatz und erreichen dadurch Klarheit.

11. Das ***Uranusprinzip*** verlockt zu einer Reise ins Blaue: einmal Ferien machen ohne große Planung, ohne Termine, mit verrückter Offenheit für alles Mögliche, also einfach den Koffer mit Sommersachen packen, zum Flughafen fahren und den nächstbesten Last-Minute-Fernflug buchen.

Selbst wenn wir nur einen Tag lang alles ganz anders machen, sind wir dem Uranusprinzip auf der Spur. Und auch das zählt: am Morgen die Zähne mit der anderen Hand bürsten, Tee statt Kaffee nehmen, konsequent vegan essen oder das erste Schnitzel seit Jahren auf dem Teller haben, eine fremde Person ansprechen, mal angezogen duschen, bei Vollmond unter dem Sternenhimmel tanzen oder nackt auf einer Wiese im Regen.

Sich spontan von etwas Lästigem oder wirklich Belastendem zu trennen – jetzt, wann sonst – passt genauso zu dieser uranischen Energie wie auch ein Tag der Verbundenheit mit Freunden, an dem wir ihnen ungewöhnlich viel Zeit widmen und uns auch wirklich mit ihnen austauschen.

Nicht zu vergessen ist ein Tag, an dem unsere Originalität im Mittelpunkt steht, ein Tag, um verrücktzuspielen, es so richtig krachen zu lassen, über die Stränge zu schlagen, die eigene Mode zu kreieren, aufzufallen, in Rollen zu schlüpfen, die faszinieren und an- und verrückt machen – lauter Dinge, die man sich selbst bisher nie gegönnt oder zugetraut hat. Das ist, wie den Karneval in Venedig zu feiern oder in Rio Samba zu tanzen. Lassen wir uns also motivieren, auf die Suche nach dem Original zu gehen, als das wir gemeint sind, und uns bewusst vom Abziehbild lösen, das wir geworden sind.

Natürlich können wir mit Uranus auch im Cyberspace reisen, einen Computerkurs belegen und echte Fortschritte im Umgang mit neuer Technologie machen – und dabei lieber digital abstürzen als real –, das wäre ein guter Punkt auf unserer Liste. Allgemein legen wir unter dem Einfluss von Uranus Wert auf gute Freunde und bewahren uns Unabhängigkeit und Idealismus, wie auch den fast objektiven Über- und Weitblick. Wir nutzen unsere Fähigkeit, Visionen zu entwickeln, und richten den Blick nach vorn.

12. Mit dem grenzauflösenden ***Neptunprinzip*** sind wir angeregt, mal eine Zeit lang nur zu träumen, uns geheimsten Sehnsüchten hinzugeben, unser tiefstes Geheimnis zu lüften. Wir gewinnen auch den Raum, zu verzeihen und zu vergeben und großzügig zu spenden – oder alte Schuld(en) zu begleichen oder abzudienen. Wo es notwendig und längst überfällig ist, können wir ein Verzeihungsritual machen und uns ihm ehrlichen Herzens widmen.

Neptun legt uns intensive Erfahrungen nahe, zum Beispiel in einem sogenannten Dunkelrestaurant ein Essen mit allen Sinnen erleben, ein paar Stunden im Samadhi-Tank verbringen und im

Wasser schwebend in das Land der Träume gleiten, Aqua-e-motion erleben, uns eine Atemsitzung mit *open end and mind* im körperwarmen Wasser gönnen, ein Meditationscamp oder einen Ashram besuchen oder eine mystische Reise unternehmen und uns auf übersinnliche Erfahrungen einlassen, auf Visionssuche gehen, einen Geistheiler besuchen. Wir könnten Tauchen lernen oder uns mit Tümmlern (Delfinen) in der Freiheit und Weite des offenen Meeres tummeln.

Beim Neptunprinzip sind wir besonders aufgefordert, Hingabefähigkeit zu beweisen und Opferbereitschaft zu leben, intuitive Fähigkeiten, Sensibilität und Sensitivität und unsere reiche Fantasie zu nutzen sowie Nächstenliebe und Mitgefühl in die Welt zu bringen. Das kann bedeuten, einem Tag lang jedem Menschen, der uns begegnet, etwas Gutes zu tun. Oder einem Tier das Leben zu retten, es freizukaufen oder in Obhut zu nehmen. Wir haben die Chance, selbstlos und empfänglich, aus großem Urvertrauen heraus unseren Traum vom Einswerden mit allem zu leben, absichtslos und liebevoll, versöhnlich und verzeihend.

Der Ruf des Lebens – Beispiele

In gewisser Weise zehren wir alle von Erinnerungen an Erlebnisse und Erfahrungen, die mit einem intensiven Gefühl von Lebendigkeit verbunden waren. Das ist auch ein Grund, warum alte Männer immer wieder von ihren Kriegserlebnissen erzählen, denn in der Gefahrensituation haben sie sich lebendig gefühlt.

Nie vergesse ich die Kurzbekanntschaft mit dem unglaublich dicken Postbeamten in einem unbedeutenden Ort in den USA. Er war der fetteste Mensch, den ich bis dahin gesehen hatte, und es war meine erste USA-Reise. Ich war jung und im Land der unbegrenzten Möglichkeiten unterwegs, wo ich studieren wollte – mit großer Wissbegierde gegenüber allem, auch diesem aus allen Kleidern quellenden Postmann. Als er merkte, dass ich Deutscher war, begannen seine Augen zu leuchten, und er fragte wie aus der Pistole geschossen, ob ich in Heidelberg lebe. Als ich das verneinte, war er sprachlos. Wie konnte man nicht in Heidelberg leben, wenn man in Deutschland zu Hause war? Es stellte sich heraus, dass Heidelberg das Paradies seines Lebens gewesen war, das er nach langen Kriegsjahren endlich gefunden und vor Jahrzehnten auch wieder verloren hatte. Der Krieg hatte ihn aufblühen lassen, das machten seine Worte klar. In (s)einem für mich heute schon wieder namenlosen Städtchen geboren, hatte sein Leben erst mit dem Krieg so richtig begonnen. Er war nach Europa, in die alte Welt geschickt worden, um sie zu retten. Mit und für (General) Patton und sein Land war er marschiert und hatte Seite an Seite mit den anderen *boys* Unglaubliches geleistet, erlitten und erlebt. Dem Tod oft nah, hatten sie für eine bessere Welt gekämpft, alles riskiert und gewonnen. Er hatte Feinde getötet und Kameraden verloren und unglaubliches Glück gehabt, das Inferno zu überleben, und er war jung und fit gewesen, voller Lebensenergie. Zu guter Letzt waren sie in Heidelberg einmarschiert als Sieger und auch so begrüßt, gefeiert und belohnt worden. Als Sieger und Befreier hatten sie Schokolade und Zigaretten verschenkt und konnten dafür mit ihrem Cowboy-Charme fast alles haben. Die Herzen flogen ihnen zu, und die »Fräuleins« lagen ihnen zu Füßen. Da war er richtig glücklich gewesen und hatte sich das erste Mal in seinem Leben so richtig gemeint und angesprochen gefühlt. Jeder Tag war ein Geschenk und eine Belohnung für die erlittenen Strapazen gewesen. Er konnte aus vollem Herzen sagen: »*Heidelberg was the time of my life.*«

Warum er denn nicht in Heidelberg geblieben sei und dort lebe, wenn das für ihn der schönste Ort auf Erden und die beste Zeit seines Lebens gewesen sei, fragte ich. Das habe er nicht gewagt, denn die *Army* hätte Beziehungen zu den »Fräuleins« unterbunden und verboten. So habe er schließlich auch seines zurückgelassen und sei dem Marschbefehl nach Hause gefolgt, in seinen Heimatort und schließlich ins *post office*.

Dort war er geblieben und hatte sein Leben im Fett der täglichen Langeweile versinken lassen. Der Krieg vorbei, Patton vergessen und Heidelberg ein ferner unerreichbarer Traum – statt fit nun fett, war er im wahrsten Sinne des Wortes im Postamt sitzen geblieben und freute sich nun wie ein Kind, einem Deutschen, wenn auch nicht aus Heidelberg, zu begegnen, der so jung war wie er damals, als er noch »lebte«.

Wenn ich meine persönliche Lebensgeschichte anschaue, bin ich glücklich und dankbar, zur ersten Generation von Deutschen seit Langem zu gehören, die alt werden darf, ohne Krieg zu erleben. Was waren bisher meine Momente von besonderer Lebendigkeit? Es handelte sich auch bei mir um Situationen, in denen mir die Endlichkeit meines Lebens bewusst wurde:

› *Uranische Momente*

Der ***Sturz ins Seil beim Klettern,*** Zehntelsekunden nur, die sich unglaublich dehnten und mir mein Leben nochmals buchstäblich im Flug und wie im Film zeigten. Wer war der Regisseur dieses Films? Ich selbst, wie natürlich auch der Hauptdarsteller. Beziehungsweise hat die Instanz in mir, die für Lebendigkeit steht, ihn gedreht und mit der Frage beschlossen: Was ist noch offen? Wofür willst du weiterleben? Anschließend war ich wirklich lebendig; die beim Sturz erlittenen Verletzungen spielten gar keine Rolle, und ich zählte die Tage meines neugeschenkten Lebens danach von eins bis – ja, bis mich der alltägliche Trott wieder einfing und neuerlich einnicken ließ.

Da war der ***Flug entlang des Amazonas*** mit meinem Freund Peter in seinem kleinen einmotorigen Flugzeug. Plötzlich schienen die Funkfeuer verloren, und das bei knappem Treibstoff. Unten sahen wir nur »Brokkoli«: Alles war in Grün getaucht, und wir konnten die auf der Karte verzeichneten Flüsse kaum erkennen. Dazu das Gefühl, keine Kontrolle mehr zu haben, in Gottes Hand zu sein, in der wir ja eigentlich immer sind, nur ohne uns dessen so bewusst zu sein wie beim Anblick des grünen Meeres unter uns. Und dann wieder eine Funkverbindung und Hoffnung und schließlich eine zweite und zurückkehrende Orientierung und fast schon Sicherheit – aber immer weniger Sprit. Auf einmal erkannten wir in der Ferne das Hospital, doch sofort schloss sich der Brokkoli-Urwald wieder. Nach der Landung auf den letzten Drücker beziehungsweise Tropfen gab es ein gegenseitiges Drücken: eine kurze Umarmung unter Jungs, die Männer und Ärzte spielten. Schauspieler in einem Leben, das für einen langen Moment durch Desorientierung und Spritmangel sehr lebendig geworden war. Natürlich lassen sich solche Ereignisse nicht inszenieren, aber eine gewisse Offenheit für Erfahrungen, die in Grenzbereiche führen, fördert ihre Wahrscheinlichkeit. Klettern ist nur eine Möglichkeit unter vielen.

Ein Erlebnis wie das über dem Dschungel lässt sich verschieden verarbeiten. Ich kann in Zukunft vorsichtiger sein, mich auf Ähnliches nicht mehr einlassen oder überhaupt nicht mehr klettern, so werde ich natürlich nicht mehr ins Seil fallen. Dann besteht allerdings die andere Gefahr, nämlich in seinem ganz persönlichen *post office* sitzen zu bleiben und in der Stagnation zu landen, wo sich das Leben mit Ersatz(befriedigungen) wie Essen von selbst beschwert. Echtes Leben und der Ersatz verhalten sich zueinander wie Leben und Lesen – was Lesen nicht abwertet, sofern es zum Leben anregt. Wer Filme sieht und Biografien liest, kann darüber das eigene Leben vergessen oder sich im Gegenteil dazu erst so richtig anregen lassen.

Ein spannender Punkt könnte sein, sich darauf einzustellen, die kritischen Situationen, in die man sich bringt oder in die man gerät, auch offen(siv) durchzustehen, das heißt, die Suppe bewusst auszulöffeln, die man sich eingebrockt hat. So wird die nächste Krise zur Chance. Und es ergibt sich wie von selbst zusätzlich eine gar nicht bewusst steuerbare Liste, die ein mutiges, offenes Leben präsentiert.

Uranus ist hier angesprochen als Luftzeichen, zu dem Fliegen und Springen gehört, aber auch alles Plötzliche, spontan Hereinbrechende wie ein Absturz oder seine Gefahr. Wer das Uranusprinzip aus seinem Leben verbannen möchte, um Gefahren zu meiden, läuft Gefahr, auch Humor und Witz, Spontaneität und Geistesblitze auszuschließen.

Dann dieser ***Fallschirmsprung*** aus 4500 m Höhe – gut geplant und nicht riskant, aber doch »gefährlich« hoch beziehungsweise tief. Auf der Kufe des Hubschraubers sitzend erschien die Welt da unten so klein und der Luftraum irgendwie laut. Dann der Impuls zu springen und die Angst davor – wie fühlte ich mich wach und lebendig. Schließlich das Loslassen: eine Minute freier Fall, die viel länger dauerte als andere Minuten, und schließlich der Ruck, der mir durch und durch ging, als sich der Fallschirm entfaltete. Scheinbar riss er mich wieder in die Höhe – uranische Momente, wie auch das Herabschweben und die abrupte Landung, die dann plötzlich wieder rennend geschah.

Uranisches Lebensgefühl auch durch die ***langen Haare in Hippiezeiten,*** die ich mir trotz Rauswurfandrohung hatte wachsen lassen. Den Rauswurf annehmen und gehen für diese Freiheit auf dem eigenen Kopf – allerdings wissend, dass die Mutter einen zurückwünschen und -holen würde. *The Age of Aquarius* miterleben und in vielen Verrücktheiten feiern.

Fallschirmspringen, Segelfliegen oder Zeitströmungen für gewagte, verschrobene, originelle Momente oder Erfahrungen nutzen, all das ist machbar und wird ohne letzte Sicherheit dafür umso sicherer verblüffende Lebendigkeit vermitteln. Neben der Offenheit für jene Bälle, die uns das Schicksal zuspielt, die wir nur fangen und nutzen müssen, könnten wir uns auch aktiv an den Spielen des Lebens beteiligen. Es muss ja kein Fallschirmsprung sein, aber einmal etwas Verrücktes an der Grenze zum für uns »Gefährlichen« zu tun, um das Leben und die eigene Angst darum richtig zu spüren, ist möglich und sicher herausfordernd und somit belebend und ein besonderer Punkt auf der Liste.

› *Begegnungen mit dem Marsprinzip*

Ich hatte folgende Momente meiner Lebensgeschichte keineswegs gesucht, aber sie haben sich mir aufgedrängt und brachten mich weiter:

Dem Stiefvater widerstehen, obwohl er, der Offizier, physisch so viel größer und stärker war und davon auch schlagend Gebrauch machte – ein Augenblick des Zu-mir-Stehens und der Kraft. Und die erstaunte Erfahrung der Befreiung nach einem für beide überraschenden Zurückschlagen meinerseits, das mir zu Fortschritt und Befreiung und ihm zu Zurückhaltung verhalf.

Aus ***politischen Gründen den Kriegsdienst verweigern,*** obwohl gerade diese Begründung nicht anerkannt wurde, und erst nach zehn Jahren und einigen Schikanen und vielen Ängsten damit durchkommen.

Meine eigene ***unabhängige Form von Entwicklungsdienst*** er- und durchleben. Urwaldhospital im Regenwald – wenn auch nur kurz – mit meinem Freund; eine Zeit lang in Afrika leben und arbeiten und andere Menschen erleben und die Wüste spüren. Psychotherapie machen auf einem Kontinent wie Afrika, wo es so etwas in dieser Form noch nicht gab, und ein entsprechendes Bewusstseinsfeld schaffen; in Freda eine Person finden, die es weiterträgt und weitergibt.

Etwas wagen, um etwas zu bewegen: meine Medizin, obwohl kaum einer davon etwas wissen wollte und niemand aus dem Ärztekreis mich unterstützte. Zu erleben, was es heißt, wenn plötzlich alle Krähen über einen herfallen, obwohl es doch heißt: »Eine Krähe hackt der anderen kein Auge aus.« Im Dauerfeuer der Angriffe lebendig, wach und standhaft bleiben.

Den Winter ***ganz anders leben*** – genau dort, wo es meine Seele hinzieht, obwohl ökologisch inkorrekt. Ein Haus auf einer philippinischen Trauminsel bauen und rasch wieder loslassen, in Bali überwintern und sich Sonne und Ruhe gönnen, den Charme einer erhaltenen alten Kultur genießen mit ihren Menschen, Stimmungen und Landschaften. Eine schöne, sichere und erfolgreiche Ehe verlassen, die keine mehr ist, dennoch gemeinsam er- und behalten, was immer wertvoll war und bleibt: das Verständnis, die Zusammenarbeit, die geteilte Lebensphilosophie, ein besonderes, wundervolles Kind und viele geistige Kinder. Die Erfahrung, dass Zu-sich-Stehen und Sichgerademachen für ein Thema von Wichtigkeit sich lohnt und der Mut, für etwas Neues, Nichtdagewesenes zu kämpfen, erfolgversprechend ist.

Alles auf eine Karte setzen und beim Skirennen an meine Grenzen fahren und dieses Grenzland erleben und kennenlernen, die Geschwindigkeit und die große Kraft in der Bewegung spüren. Das gemachte Nest der Schulmedizin verlassen in eine Richtung, die ein Zurückkommen kaum ermöglicht. Sich exponieren und den Kopf aus der Deckung nehmen. Das ganze Geld aus drei Jahrzehnten Arbeit in einen Traum, ein Projekt stecken, obwohl das unsicher, unvernünftig und ökonomisch nicht clever ist. Aber wer sein Geld geschickt auf alle möglichen Ebenen verteilt und es so platziert, dass ihm nichts passieren kann, dem wird auch nichts damit passieren. Wofür aber ist es dann gut? Und ist es dann gut, wenn es der nächsten Generation per Erbschaft den Lebensweg verstellt, also das Normalprogramm abgespult wird? Und wie dumm ist es erst, reich zu sterben und nicht wenigstens versucht zu haben, etwas Sinnvolles, Schönes, Erhebendes, der Seele Wichtiges daraus zu machen. Erkennen, dass unsereins mit Geld sowieso nicht mehr möglich ist, als ein Beispiel und Symbol zu schaffen. Das Mögliche zu wagen ist *die* Chance. Aben*teuer* können wirklich teuer werden und nicht nur am *Abend*, aber sie bringen Erfahrungen und Lebendigkeit mit sich.

› *Venus begegnen*

Zur eigenen Lust und Liebe stehen und finden: Die von Mut begleitete Freude, als ich mir von meiner Lehrerin auf die Sprünge helfen ließ, mich in meinen Fantasien traute, noch weiterzugehen, mir meine eigene Liebesgöttin kreierte und mit ihr glücklich sein konnte. Der späte Moment zu wagen, die praktische, aber feige »Häschen-in-der-Grube«-Methode der Partnerakquisition durch flirtende Aktivität zu ersetzen, oder erst recht der, die Frau anzusprechen, die mich faszinierte, die mir aber auch Angst machte, mich in Unruhe und Spannung versetzte, die ich schon eine Woche angeschaut hatte, ohne ein Signal zu geben; der Kampf zwischen (gutbürgerlicher) Erziehung und Lust auf Wagnis und erotische Freude. Die Hoffnung auf das Schicksal, dass es mir eine gute Gelegenheit zuspielen möge. Und die Dankbarkeit, als es das tat; die Erfüllung, als wir uns finden.

Erotischen Mut entwickeln und statt nur zu fühlen, auch berühren und dabei allmählich fühlen lernen. Träume austauschen und umsetzen und nicht locker lassen, um allmählich doch lockerer zu werden und freier und erfüllter zu leben. Die Lebensfreude in sinnlicher Erotik befreien und genießen lernen. Mich mit sechzig und entgegen vieler Ratschläge trauen, »den guten(?) Ruf aufs Spiel zu setzen« und *Mythos Erotik* zu schreiben, weil ich es wichtig und das Thema wunderschön finde. Das Buch auch zu mögen, als es floppt, und mich über die wenigen Leser zu freuen, die es sich erlaubt und gegönnt haben. Der freche Rat, Venusisches auf der eigenen Liste zu berücksichtigen.

Natürlich ist das Venusprinzip auch in Kunst und Ästhetik zu finden, ebenso in genussvollem Essen und einer schönen Wohnung, aber in Sinnlichkeit und erotischer Liebe kommt es uns doch am nächsten. Wir dürfen es an uns heran- und zu uns hereinlassen.

› *Die Chancen des Saturnprinzips*

Prüfungen durch- und bestehen: Der erste Akt des Abiturs, der sogenannten Reifeprüfung, die so fern von jeder Reife, aber doch nach dreizehn Jahren Schule anstand: ein kurzer Augenblick der Prüfung nach so viel Vorbereitung, ein entscheidender Moment, wenn ich Arzt werden will. Trotz Angst hingehen; erleben, wie mich die Angst anfangs völlig blockierte, dann gelang es mir, aufzuwachen und es noch hinzubiegen. Ähnlich der erste Moment im ersten Staatsexamen, bei dem sieben Jahre oder vierzehn Semester auf den Prüfstand kommen und sich als richtig erweisen müssen. Situationen der Prüfung und Entscheidung; die Angst dabei, aber auch das sehr wache, lebendige Gefühl in der Konzentration. Die Reduktion auf das Wesentliche, die zum Saturnprinzip gehört, so hautnah spüren, wenn alles in einem besonderen Moment zusammenkommt und sich entscheidet.

Sich dem Saturnprinzip zu stellen bedeutet, das Leben mehr und mehr als eine Kette von Prüfungen zu durchschauen, die alle bewältigt und bestanden werden wollen und die dann etwas Aufbauendes bekommen und Entwicklung dokumentieren. Auch Krankheitsbilder sind als eine Art Prüfung zu verstehen. Sie ergeben sich, wenn etwas im Bewusstsein nicht Gelebtes in die Körperlichkeit sinkt. So ließe sich die nächste auftauchende Symptomatik schon einmal beizeiten als Lernaufgabe ins Auge fassen. Dann wird

Krankheit als Sprache der Seele erkennbar, die sich mir mitteilen will und mir etwas Wesentliches über mich offenbart. *Krankheit als Symbol* zu begreifen kann helfen, bisher verweigerte Aufgaben in Angriff zu nehmen, was Entwicklung und weiteren Lebensweg enorm fördert. In Widerstand damit zu gehen und mit den Symptomen die Symbolik mittels Schulmedizin zu unterdrücken führt nicht zu Gesundheit, sondern langfristig zu chronischer Krankheit. Ähnliches gilt generell für Widerstand. Wo immer wir ihn spüren, können wir uns daran stören – oder ihn als Chance begreifen, etwas zu integrieren und uns damit auszusöhnen. Folglich handelt es sich wieder um eine Prüfung.

Ob in *Krankheit als Symbol* oder in *Das Buch der Widerstände*, immer sind es Symptome, mit denen wir in Widerstand sind, oder es sind Widerstände, die Beschwerden und Symptome machen und in Krisen führen. Krisen entstehen regelmäßig, wo anstehende Schritte übersehen oder nicht gewagt und Entscheidungen versäumt wurden. Insofern liegt es nahe, auch ihnen zukünftig mit Offenheit zu begegnen. Das chinesische Schriftzeichen für Krise setzt sich aus zwei Zeichen zusammen, dem für große Gefahr und dem für große Chance. Es liegt also in unserer Hand, ob und was wir daraus machen.

› *Mein Resümee*

Alles in allem ging es um spannende Augenblicke – lebendige Momente, die mich ganz persönlich meinten und forderten und, wo ich sie denn annahm, auch förderten. Daraus lassen sich wichtige

Punkte für eine Liste gewinnen und auch Offenheit und Mut entwickeln für jene spannenden Momente, die sich uns schenken. Denn offenbar gibt es – eine gewisse Wachheit vorausgesetzt – auch unverhoffte Listenthemen, um die man sich gar nicht kümmern muss, weil sie von selbst und ungeplant auftauchen. Es verlangt nur Offenheit für ein spannendes Leben, in dem Herausforderungen angenommen werden und man nicht einfach in vermeintlicher Sicherheit verharrt. Wo immer ich mich (meinem Leben) gestellt habe, ergaben sich solche Momente von selbst. Es gab auch Zeiten, in denen ich mich nicht getraut hätte, den Sprung zu wagen. Aber immer wenn ich es tat, etwa auch beim Absprung aus der Schulmedizin, war es unendlich befreiend.

Auch wo ich bewusst geblieben bin und mich durchgebissen habe, etwa in der Medizin, war es in Ordnung. Altes ist nicht an sich schlecht, sondern eine große Chance, sowohl wenn wir es loslassen als auch wenn wir es bewusst annehmen und weiter kultivieren. Uranus, der gewagte Sprung, und Saturn, (wert-)konservatives Bewahren, haben als Götter und Lebensprinzipien sogar große Nähe zueinander und eine spannungsreiche Beziehung. Saturn ist der Sohn, der sich gegen den Vater, den Himmel, auflehnt, ihn entmannt und dabei die Liebe(sgöttin) Venus zeugt.

DER GROSSE KATALOG
ODER AUS DEM VOLLEN SCHÖPFEN

Je mehr du liest, desto mehr wirst du wissen,
Je mehr du lernst, desto weiter wirst du gehen.
DER AMERIKANISCHE KINDERBUCHAUTOR DR. SEUSS

Was ist das Gemeinsame von Momenten der Lebendigkeit und des Erwachens, von wesentlichen und (lebens-)wichtigen Erfahrungen? Sie werden wahrscheinlicher, wenn wir den Mut aufbringen, vom Gewohnten, scheinbar Sicheren loszulassen, wenn wir erkennen, dass das einzig Sichere der Tod ist. Hilfreich ist, wenn wir zu uns ehrlich sind, unsere innere Stimme nicht verleugnen und immer wieder auf sie horchen, um ihr in (lebens-)entscheidenden Fragen auch zu gehorchen – zumindest es möglichst oft zu tun.

Aus Erfahrung weiß ich, dass das Schicksal uns gerade dann beisteht und hilft, wenn wir Neues wagen – indem Begeisterung erwacht und uns Energie zuströmt, seelisch und körperlich bis auf die Ebene der Neurotransmitter. Im Mainstream ist Sicherheit, aber wenig Leben; man wird geschoben. Aber zu wichtigen, wesentlichen Erfahrungen gelangen wir nicht durch *Schiebung*, sondern durch Selbstgehen und -springen. Der Mainstream als breiter Trampelpfad der Gewohnheit ist die Autobahn der schweigenden Mehrheit. Sie (ver-)führt nur leider häufig dazu, erstmalig auf der Zielgeraden zum Totenbett zu erwachen. Dem können wir Jahre und Jahrzehnte zuvorkommen, und wir brauchen nicht einmal auf solche Schicksalsschläge zu warten, wie sie die Filmhelden aus *Das Beste kommt zum Schluss* treffen und nochmals in Gang bringen.

Alle Erfahrungen mit Sterbenden zeigen, dass letztlich nicht das zählen wird, was die archetypisch männliche linke Gehirnhälfte ausgeheckt und erreicht hat, sondern was das Herz berührte und wofür es geschlagen und sich erwärmt hat, wofür es brannte und sich begeisterte. Wenn aber das Herz sich be*geist*ert, verbinden sich Empfindungen und Gefühle mit dem Geist, der vor allem im Gehirn residiert, das tatsächlich auch wieder zwei Abteilungen hat, eine archetypisch weibliche und eine männliche. Und wenn das Bauchgefühl dem noch zustimmt, sind alle mit im Spiel des Lebens. So kann dieses gelingen – von diesem Moment und in jedem weiteren bis zum Ende.

Und wir haben nichts zu verlieren, selbst wenn wir das Leben verlieren. Als mein bester Freund, der sein (Arzt-)Leben oft für andere gewagt hat, wirklich mit seinem kleinen Flugzeug abstürzte, waren Schock und Trauer groß, aber auch die beruhigende Erkenntnis, dass er in seinen fünfzig Jahren viel mehr gelebt hatte, als die meisten in achtzig zu träumen wagen. Wie Abraham Lincoln sagte: »Am Ende sind es nicht die Jahre in deinem Leben, die zählen, sondern das Leben in deinen Jahren.«

Im Umgang mit dem nun folgenden Katalog von Vorschlägen für eine persönliche *Liste vor der Kiste* sind folgende Fragen hilfreich:

- Könnte mich dieser Punkt auf der Liste richtig wachrütteln, aufwecken, lebendig machen? Anders gesagt: Wobei könnte ich mich so richtig angemacht im Sinne von angeschaltet und elektrisiert und lebendig fühlen?
- Was würde mich (positiv) in Spannung und Erwartung versetzen?
- Was könnte mich begeistern? Denn nur im Zustand der Begeisterung kann sich wirklich etwas verändern und entwickeln bis auf Gehirnebene, wo dann Neurotransmitter der Belohnung aktiviert werden – wie es der Neurobiologe Professor Gerald Hüther so eindrucksvoll belegt.
- Was könnte mein wahres Wesen erblühen lassen, mich von innen heraus erfüllen, um mein Belohnungssystem anzuschalten?
- Wobei könnte ich so richtig aufwachen und für das Leben erwachen? Wobei auf neue Ideen kommen? Ist (mir) das schon einmal geschehen und, wenn ja, wobei?
- Wo und wie könnte ich das Leben – im besten Sinne – wagen? Auch wenn dieses Wagnis nicht leicht erscheint, sondern sich vor allem herausfordernd anfühlt?
- Welche Herausforderungen habe ich bisher noch ignoriert und könnte sie jetzt annehmen?
- Was will das Leben von mir? Wo bin ich persönlich gemeint?

- Habe ich meine Gabe gefunden, die ich – im doppelten Sinne – dem Leben zu geben habe und die durch meine Begabung schimmert?
- Wann ist der Ruf an mich ergangen? Was habe ich daraus gemacht? Ist daraus Berufung entstanden?
- Wo ist meine Lebensfreude geblieben? Wie kann ich sie wiederfinden und in mein Leben einspeisen?

»Wo die Freude nicht ist, ist der Weg nicht«, schrieb mir vor langer Zeit ein mir wichtiger Lehrer ins Stammbuch. Die Umkehrung lautet: »Wo die Freude ist, ist auch der Weg.« Das heißt, Lebensfreude kann uns den Weg weisen, also zum Wegweiser werden. Wer mit Begeisterung lebt, findet überall Verstärkung vom eigenen Gehirn bis zu Mitmenschen und Umwelt. Und Vorsicht bezüglich der (Lieblings-)Ausrede, es sei nun schon zu spät. Für die (lebens-)wichtigen Punkte ist es nie zu spät!

Hier nun eine Auswahl von möglicherweise lohnenden Punkten für Ihre persönliche *Liste vor der Kiste*. Das entscheidende Lebensprinzip wird bei jedem der folgenden Vorschläge am Schluss nochmals genannt. Wer sich in die zwölf Bausteine unserer Wirklichkeit weiter vertiefen will, um allem im Leben bewusst gerecht zu werden, dem sei das Buch *Die Lebensprinzipien* empfohlen. Die eigene Liste ließe sich außerdem durchnummerieren, um Prioritäten zu entsprechen und eine individuelle Hierarchie zu finden. Die Länge Ihrer Liste bestimmen Sie natürlich ganz persönlich, abhängig vom bisher Gelebten und Ihren noch offenen Wünschen, Träumen und Visionen.

Sich auf den Weg machen oder Das Leben als Pilgerreise

Im Leben legen wir eine mehr oder weniger lange Wegstrecke zurück, weshalb wir auch von Lebensreise sprechen. Für Wege und Reisen gibt es Fahrzeuge, die wir wählen können; die Tibeter sprechen in diesem Zusammenhang von den *yanas* (Sanskrit: Fahrzeug, Gefährt), bestimmten Grundhaltungen und Techniken auf dem Weg zur Erleuchtung, ein Beispiel aus dem Buddhismus ist das »Diamant-Fahrzeug« (*Vajrayana*). Letztlich ist unser Körper das Fahrzeug, mit dem wir uns durchs Leben bewegen. Und es gibt weitere Fahrzeuge von Fahrrädern bis zu Flugzeugen. Auch Pferde und sogar Esel, aber auch Fallschirme und Raketen gehören dazu, mit dem einen Ziel, uns weiterzubringen. Wir können sie nutzen – von den Archaischsten, unseren eigenen Füßen, bis zu den modernsten Jets.

Natürlich gibt es langweilige Reisen aus Pflichtgefühl und spannende Reisen, die von Spaß und Lebensfreude getragen sind. Manche sind vielleicht auch wegen der auf ihnen gesammelten Erfahrungen von Ehrfurcht und Staunen geprägt. Letztlich können wir unser ganzes Leben als Pilgerfahrt begreifen; jeder Tag kann einen Schritt zu neuen Erfahrungen bringen, eine Chance zu innerer Transformation im Hinblick auf das große Ziel des Einswerdens mit allem.

Auf einer Pilgerreise gilt, dass der Weg das Ziel ist, und es kommt darauf an, jeden Schritt so zu machen, als wäre es der Einzige und jede Station die wichtigste. Doch ist das Ziel hier insofern noch bedeutungsvoller, da es die Einheit repräsentiert, einen Ort der (Er-)Lösung. Das war der Tod für alte Kulturen und Traditionen, und er könnte es für uns wieder werden. Damit wird die klassische Pilgerreise zum idealen Abbild des Lebens und des Lebensweges. In diesem Sinne ist – mit Gewinn für die Seele – nicht nur dieses Buch mit seinen Stationen als Pilgerreise zu verstehen, sondern eine konkrete Pilgerfahrt wäre auch ein guter Einstieg für die Neuorientierung Richtung Lebensfreude und damit hier der erste wichtige Punkt. Das kann für Ihre persönliche *Liste vor der Kiste* bedeuten, eine konkrete Reise zu unternehmen, zum Beispiel auf dem Jakobsweg nach Santiago di Compostela zu pilgern, oder auch die innere Reise einer Psychotherapie anzutreten wie die einen Mondzyklus dauernde Schattentherapie. Eine Fülle von Vorschlägen für alle möglichen Arten und Ziele von Pilgerreisen sind ab Seite 176 zusammengefasst.

Die äußere Pilgerreise lebt natürlich immer davon, auch eine innere zu sein. Es ist der Versuch, über den Besuch des äußeren Ortes in seine innere Kraft zu kommen. Die Frage ist nur, wohin die Reise gehen soll. Ideal wäre ein persönlicher Bezug, aber es kann auch jede beliebige Strecke sein, die als Symbol des ganzen Weges dient und deren Ziel als Symbol der Einheit verstanden wird. Die wichtigere Frage als nach dem Ziel ist jedoch die nach der Motivation: Will ich überhaupt lospilgern? Oder habe ich Wichtigeres oder Angenehmeres zu tun? Gibt es tatsächlich Vorrangiges, oder bringe ich einfach nur Ausreden vor?

Auf die Frage, was ich zu verlieren habe oder was ich gewinnen kann, ist die Antwort einfach: Ich habe nichts zu verlieren und alles zu gewinnen, denn ich könnte mich finden auf dem Weg und an seinem Ziel. Ich lebe vier Wochen im Monat und 12 Monate im Jahr, und wenn ich viel Glück habe, dauert mein Leben 100 Jahre, was dann auf 1200 Monate und 4800 Wochen hinausläuft. Wenn ich mir davon eine Einzige nehme und nicht etwa *opfere,* sondern mir schenke, ist es eine von 4800, und es bleiben mir noch 4799 andere. Selbst wenn ich mir einen Mondzyklus gönne, wie er sich für Psychotherapie so bewährt hat, ist es nur einer von 1200, und es bleiben mir noch 1199 andere übrig, die von diesem einen ungemein profitieren werden. Auf eine Woche oder einen Monat mehr von meinem Normalprogramm kommt es wohl nicht an, beides wird nichts ändern. Aber es könnte auf diese Woche oder diesen Monat meiner Pilgerreise ankommen; damit könnte sich alles ändern. Jede gewagte, selbst jede enttäuschende Reise ist besser als keine, vermittelt sie doch (Lebens-)Erfahrung und oft sogar bleibende Eindrücke, die etwas bewirken und ändern, die Leben in den Alltag bringen.

Fast jeder kennt das. Man kehrt von einem Seminar zu den zu Hause gebliebenen Lieben zurück, und die Sicht der eigenen Welt und des Lebens hat sich verändert. Man selbst hat die entscheidende Woche erlebt, und die anderen haben eine von zweiundfünfzig normalen Wochen eines normalen Jahres hinter sich gebracht. Die Zuhausegebliebenen sind dann wirklich die Zurück- und Sitzengebliebenen. Ist es denn erstrebenswert, auf Dauer zu den Sitzenbleibern zu gehören? In der Schule, als wir noch jung und dynamischer waren, galt das jedenfalls nicht als Ziel.

Wenn wir aber in dieser besonderen Woche oder diesem uns selbst geschenkten Monat der Pilgerfahrt unseren Weg oder gar uns selbst finden, ist alles gewonnen, und danach bleibt nichts dasselbe. Das Risiko besteht natürlich, von den Daheimgebliebenen zurückgestoßen zu werden, doch das wäre zu riskieren. Und wie es meist ist, wenn wir solche Wagnisse eingehen, werden wir auf neue Art an- und aufgenommen und finden zurück ins Leben.

Bei aller Aufbruchstimmung ist zu bedenken, dass selbst eine mutige Reise nicht mehr alle zuvor vergebenen Chancen zurechtrücken kann, vor allem wenn die Vergangenheit mitreist und dazu führt, die Herausforderungen mit noch so guten und ehrenwerten Argumenten auszuschlagen.

Wir können allein oder mit einem Partner, einem Freund oder in der Gruppe pilgern. Das Miteinandergehen führt dazu, in einen Rhythmus zu kommen, und das verbindet und macht zum Schluss alle zu Freunden. In diesem Sinne kann man miteinander gehend wundervoll Nächstenliebe üben und erleben, sie sich sozusagen ergehen. Deswegen fragt der Junge das Mädchen: »Gehst du mit mir?« Und würden sie mehr miteinander gehen, spazieren, wandern oder gar pilgern, würden sich ihre Chancen, zusammen- und aneinander zu wachsen mit jeder gemeinsamen Wanderung erhöhen.

Resonanz ist das Geheimnis der Liebe, wie es *Die Schicksalsgesetze* beschreiben, die auch auf diesem Weg wie auf allen anderen Pfaden gelten. Der Lebensweg könnte also zu einem Liebesweg werden, einer großen Resonanzerfahrung. Und die entscheidende Frage vor der Pilgerreise, die unbedingt einen Punkt wert wäre, könnte lauten: Bin ich bereit, in Liebe mit mir zu gehen und offen für die Liebe zu anderen zu werden? Diese Liebe spricht aus den

Bestsellerbüchern jener spirituellen Lehrer, die auf dem Jakobsweg pilgerten und sich und vielen anderen dabei näherkamen.

Siddhartha Gautama, der Buddha, fand am Ende seiner *Wanderjahre* Befreiung, und »seine« Wandermönche folgen ihm nun auf dem Fuße – im übertragenen Sinne und auch konkret – und üben Schritt für Schritt Resonanz und obendrein bettelnd Demut. Christus und seine Jünger wanderten zu Fuß von Dorf zu Dorf, und nur ganz zum Schluss benutzte er den Esel als »Fahrzeug« für die letzte Etappe seiner Pilgerfahrt zum Vater. Laotse schrieb das *Tao Te King* an der Grenze seiner Heimat, nachdem Zöllner ihn gebeten hatten, nicht aus*zuwandern*, ohne die Essenz seiner Lehre zurückzulassen.

Sicher sind mit dem Fahrrad oder gar Wohnmobil keine vergleichbaren Erfahrungen auf dem Weg nach Santiago oder einem anderen Pilgerort zu machen, obwohl beide Fahrzeuge rascher und bequemer ans Ziel führen. Aber die Frage lautet ja: Was ist das (mein) eigentliche(s) Ziel?

Lebensprinzip: Jupiter (Lebensphilosophie, Sinnfindung), Saturn (den Weg konsequent gehen).

Das Feld von Liebe und Erotik erkunden

Den Zugang, den Bhagwan-Osho zu Erotik und körperlicher Liebe auftat, möchten viele nicht mehr missen, die diesen spirituellen Lehrer miterleben durften. Das hatte vor allem damit zu tun, sich ihm und seinem Feld anzuvertrauen; so war es möglich, sich ganz *natür*lich zu gönnen, was Spießigkeit und Erziehung, Religionsunterricht und bürgerliche Konventionen in uns verklemmt hatten. Aus dieser Erfahrung kann ich nur raten, sich auch dem Archetyp des Erotischen – der urprinzipiellen Mischung aus Aphrodite-Venus und Ares-Mars, die Eros so wundervoll verkörpert – einmal eine Zeit lang weit zu öffnen und sich entsprechende Träume zu erfüllen, zumindest in der Welt der Fantasie. Aber warum eigentlich nicht auch konkret? Wenig kann uns wieder so an- und einschalten und lebendig machen wie dieses Feld, in das einzutauchen solch eine (Sinnen-)Freude sein kann. Wir kennen es hoffentlich alle vom Verlieben, bei dem dieses berauschende Gefühl zu körperlicher Erotik (ver-)führt.

Aber es geht auch umgekehrt. Das hat die Zeit in Poona in den Achtzigern gelehrt: Von der Erotik führt auch ein Weg dazu, sich in das Leben und seine (Mit-)Menschen zu verlieben. Tatsächlich liefert uns heute sogar die moderne Wissenschaft Belege dafür. Wir wissen alle, wie sehr Verliebtheit zu Herzklopfen führt. Wissenschaftliche Forschungen ergaben nun, dass Herzklopfen auch Verliebtheit fördert. Eine der amüsantesten mir bekannten Studien offenbart Folgendes: Versucht ein attraktiver Mann auf einer Brücke, die über eine Schlucht führt, mit Frauen zu flirten, die diese Brücke passieren, bleiben seine Chancen überschaubar. Macht er dasselbe auf einer wackeligen Hängebrücke über dieselbe Schlucht, wo man sowieso schon Herzklopfen hat, steigen seine Chancen dramatisch und statistisch signifikant. In der Praxis erklärt das, warum sich intelligente, gebildete Frauen immer wieder in einfach strukturierte Skilehrer verlieben, während durchschnittlich gebildete Tennislehrer diesbezüglich viel weniger Erfolg haben. Auf steilen Skipisten neigt *sie* einfach mehr zu Herzklopfen als auf ebenen Tennisplätzen.

Das Feld der Erotik ist grundsätzlich mit Herzklopfen verbunden und deshalb geeignet, Verliebtheit auszulösen. Was auch nicht verwundert, da dies die Aufgabe von Eros ist, die er in Angriff nimmt, wenn er mit Pfeil und Bogen, den Kriegswaffen seines Vaters Mars, die Liebe, das Anliegen seiner Mutter, in die Herzen der Menschen *schießt*. So können wir mit der erotischen Liebe die Vereinigung der Gegensätze im Sinne der Polarität üben, das heißt, mit der Freundschaftsliebe (Philia) die Nächstenliebe üben und mit der Mutterliebe die selbstlose göttliche Liebe (Agape). Für alle drei Arten der Liebe war das Poona von Bhagwan ein Kraftort. Es wäre einen Punkt auf der Liste wert, in einer entsprechenden Gruppe oder Gemeinschaft ein Feld der Liebe zu finden oder zu schaffen.

Lebensprinzip: Venus/Eros (Lust und Liebe).

Zurück zu den eigenen Wurzeln

Im Grunde sind wir im Leben immer auf den Spuren unseres Selbst unterwegs. Wer seine eigenen Wurzeln wieder fühlt, wer sein eigenes Revier, in dem er angekommen ist, annehmen kann, ist gut dran. So wie unsere Eltern natürlich mit uns zu tun haben, hat es auch der Ort unserer Geburt. Er kann zu unserem Kraftplatz werden und jedenfalls zum idealen Ort, um uns mit unserer Herkunft und Vergangenheit auszusöhnen. Wem dies gelingt, der kann auch leichter seinen Platz im Leben finden und seine Wurzeln entwickeln, aus denen das eigene Leben in seiner ganzen Fülle wächst. Und er wird am Ende seine Flügel ausbreiten und weiter fliegen und dabei sogar glücklich sein und *sich glücklich schätzen*. Insofern könnte eine Reise zum eigenen Geburtsort auf der *Liste vor der Kiste* punkten.

An dem Ort, wo wir das Licht der Welt erblickt haben, könnten uns auch noch andere Lichter aufgehen bezüglich des Lebensweges, der hier begonnen hat. So mag es auch wichtig sein, ihn nochmals zu besuchen; dorthin zu reisen, wo man aufgewachsen ist, aber sehr lange nicht war. Man sollte sich dort Zeit nehmen, zurückzuschauen auf die eigenen Anfänge und vielleicht besonders auf die Probleme, die einen damals bewegten. Sie werden sich durch den zeitlichen Abstand relativiert haben, und allein das ist eine wichtige Erfahrung.

Alles relativiert sich mit der Zeit. Wer diese Erfahrung am eigenen Leib und in Bezug auf sein Leben macht, muss dessen Auf und Ab grundsätzlich nicht mehr so schwer nehmen. Er kann sich jener Geisteshaltung nähern, die Buddhisten *Uppekha* nennen, Gleich-Mut. Alles ist gleich gültig – eine Haltung, die mit Balance und nicht mit Wurstigkeit zu tun hat; sie hilft auch zu Entspannung im Umgang mit dem Tod. Es fällt leichter, das Sterben als Teil des Lebens zu akzeptieren und als einen Abschied, der allen bevorsteht.

Lebensprinzip: Stier-Venus (Heimat und Herkunft, die eigenen Wurzeln, Sicherheit).

Schauplätze der eigenen Geschichte aufsuchen

Bei einer Begegnung mit der eigenen Vergangenheit werden tiefe Erinnerungen wach, inspiriert durch die Mondgöttin Mnemosyne: Ich gehe spazieren, wo ich früher gespielt habe, und erinnere mich daran, wie es war. Ich spüre mich wieder in dieser Kraft von damals, beim Spielen mit anderen Kindern. Vielleicht erinnere ich mich an ein anderes Kind, mit dem ich damals befreundet war, an eine Person, die ich schon lange aus den Augen verloren habe. Es ist interessant, wie der alte Kindergarten heute aussieht oder meine Schule, wo ich die erste Klasse besuchte. Was ist eigentlich aus dem Baum geworden oder aus dem Hof, den ich immer von meinem Fenster aus gesehen habe?

Wir können auf diese Weise entscheidend wichtige Plätze unseres Lebens wieder aufsuchen und ihnen erlauben, uns aus größerem zeitlichem Abstand heraus zu offenbaren, was wir damals noch gar nicht wahr- und wichtig nehmen konnten. Und wieder haben wir die doppelte Chance, diese Plätze sowohl in der physischen als auch in der seelischen Welt nochmals zu erleben. Beides kann auf eigene Art beeindrucken und bewegen.

Für mich war so ein Moment, das erste Krankenhaus, an dem ich gearbeitet hatte, und meine erste Praxis nach Jahren wiederzusehen. Aber auch das Ankommen im Urwaldhospital im Amazonas, an dessen Eingang ich plötzlich die Inschrift entdeckte: *»Projeto Albert Schweitzer«*. Als ich diesem Namen mitten in der Wildnis unverhofft wiederbegegnete, der meine Kindheit so wesentlich geprägt hatte, war das wie ein Erwachen und Erkennen zugleich, dass das Leben Gesetzen folgt und von Sinn erfüllt ist. Das Schild mit diesem Namen stellte diese ganze Zeit unter einen besonderen Stern, tauchte sie in ein ganz eigenes Licht. Es verband mich mit den Idealen meiner Mutter, die uns Albert Schweitzer und seine Vorstellung von Respekt vor dem Leben von Anfang an nahegebracht hatte.

Jeder wird in ähnlicher Weise seine besonderen Plätze der Vergangenheit haben, die er aufsuchen kann, um zu sich selbst zu finden.

Lebensprinzip: Mond (bereichernde Erinnerung, vor allem auch aus Kindertagen).

Frühere Lehrer und Freunde treffen

Zum Besuch der alten Heimat, wo wir zur Schule gingen, könnte es passen, einen Lieblingslehrer wiederzutreffen – wahrscheinlich inzwischen eine alte Dame oder ein alter Herr, die oder der sich sicher über den Besuch freuen und sich gern mit uns gemeinsam erinnern wird. Die erste Schule ist ein Abbild dafür, wie wir uns in der Schule des Lebens fühlen und führen werden. Insofern ist der wichtigste Lehrer dort durchaus symbolisch zu nehmen und genauer zu betrachten.

Der allererste Lehrer ist auch ein Symbol für die Lehrer unseres Lebens und die Lehren, die wir erhalten und ziehen werden. Diese Person kann uns außerdem zeigen, wie wir uns in der Schule des Lebens (auf-)führen (lassen) werden. Mit dem gewonnenen zeitlichen Abstand bekommen wir jetzt Gelegenheit, das Schicksalsgesetz des Anfangs am Beispiel des eigenen Lebens zu erkennen. Das kann dazu inspirieren, in Zukunft jeden Anfang ganz anders und viel tiefer zu schätzen und zu erleben.

Ähnlich wichtig kann die Wiederbegegnung mit dem ersten Freund, der ersten Freundin sein. Mit zeitlichem Abstand wird vieles anders aussehen, und so können sich manche Sorgen lösen und Enttäuschungen besser verstehen und einordnen lassen.

Meine eigene Befürchtung bezüglich meiner ersten richtigen Freundin war, unverhältnismäßig stark in ihr Leben eingegriffen zu haben. Als sie nach dem Gymnasium bei ihrer Studienwahl unsicher war, sich gegen den Wunsch ihrer Eltern, Grundschullehrerin zu werden, wehrte und für ein Pharmaziestudium starkmachte, hatte ich das vehement nach dem Motto bekämpft: »Bevor du akademische Verkäuferin im Dienst einer aggressiven Pharmaindustrie wirst, studiere lieber gleich Medizin!« Das tat sie dann auch. Als wir uns zwanzig Jahre nach unserer Trennung wiedersahen, hörte ich mit Erleichterung, wie froh sie war, Ärztin geworden zu sein, und wie glücklich sie sich damit fühlte.

Wer so auf seinen eigenen Spuren wandelt, kann vieles im Nachhinein entlastend erleben und sich selbst in überraschend neuer Weise begegnen.

Lebensprinzip: Zwillinge-Merkur (Kontakt aufnehmen und sich austauschen).

Wurzeln und Flügel (nach-)wachsen lassen

Das Wundervollste, was Eltern tun können, besteht darin, ihren Kindern zu erlauben, sowohl Wurzeln als auch Flügel zu entwickeln. Sollten die eigenen Eltern das versäumt haben, sind wir aufgerufen, uns später selbst darum zu kümmern und uns zuerst Wurzeln und später auch Flügel nachwachsen zu lassen. Damit könnten dies zwei entscheidende Punkte auf vielen Listen werden.

Fangen wir dort an, wo der meiste Wachstumsbedarf ist: Wo muss ich hin, um meine Wurzeln nachwachsen oder sie überhaupt wachsen zu lassen? Wo sind der Platz und die Aufgabe, um meine Flügel zu entfalten und wirklich auszubreiten? Vielleicht waren die Flügel auch schon vorhanden und sind nur irgendwann gestutzt worden. Dann ist die Frage, wie wir sie nachwachsen lassen können – wahrscheinlich indem wir konkret, aber besser noch in der Seelen-Bilder-Welt dorthin zurückkehren, wo wir sie uns haben stutzen lassen.

Generell ist es nie zu spät, einen glücklicheren Beginn und folglich auch eine schönere Kindheit oder Jugend zu erwirken. Dazu wäre es »nur« notwendig, die in der alten unglücklichen Situation gebundene Energie zu lösen und eine neue Situation in der Wirklichkeit zu verankern. Das Prinzip kann der wundervolle Film *Alles eine Frage der Zeit* (*About time*) vor Augen führen. Hier haben die Männer der Familie die Gabe, die Zeit beliebig zurückzudrehen. Sie können damit »versiebte« Situationen wiederholen und die Weichen neu stellen. Der junge Tim bekommt so die Chance, endlich (s)eine Liebe zu finden; er merkt aber, dass er die Liebe nicht einmal mithilfe des Geheimnisses der Zeit erzwingen kann. Immerhin kann er sich auf diese Weise zweite, dritte und weitere Chancen verschaffen. Dadurch vermag er, seine Fehler sehr schnell wiedergutzumachen und Fehlendes zu integrieren. Durch mehr Erfahrung und mithilfe seines Vaters lernt er, gleich so zu leben, dass er gar nicht mehr dauernd nacharbeiten beziehungsweise nachsitzen muss. Allein das Leben im Bewusstsein der zweiten Chance, also alles so lange wiederholen zu können, bis es stimmt, lässt ihn viel rascher lernen und wachsen. Anfangs muss er oft zurückgehen in der Zeit wie bei seiner ersten Liebeserfahrung, die erst im dritten Anlauf wirklich klappt. Mit der Zeit und nach drei Wunschkindern versteht er es aber, auf Anhieb ein Leben zu führen, das für alle in Ordnung geht. Das Berührendste an dem Film ist, wie uns Zuschauern langsam dämmert, dass es sich bei uns genauso verhält. In der Schule des Lebens können wir durchfallen und dürfen so lange wiederholen, bis es passt. Und das ist eine Gnade, keine Strafe. Genau diese Einsicht vermittelt auch die Reinkarnationstherapie, indem sie uns auf der großen Zeitachse deutlich macht, dass wir Schüler sind, die es noch mal probieren dürfen. Außerdem ist ein weiteres Geheimnis dieser wundervollen Therapie, dass sich dadurch lernen lässt, gleich so zu leben, dass es stimmig ist – im Bewusstsein der zweiten Chance und der Gnade des Schicksals. Die berechtigte Hoffnung nach der Therapie ist, dass Betroffene nicht mehr dauernd zurückblenden müssen, sondern schon beim ersten Durchgang be- und zu*greifen*, verstehen und Verständnis entwickeln und ganz da(bei) sind.

Lebensprinzip: Saturn (fest verwurzelt), Uranus (frei wie ein Vogel).

Die Vergangenheit in der Seelen-Bilder-Welt reparieren

Eine ideale Technik, die dabei helfen kann, Unbewältigtes und Schmerzliches der eigenen Vergangenheit nachzuarbeiten, ist EMDR. Sie wurde von der amerikanischen Therapeutin Francine Shapiro entwickelt. Bei dieser einfachen Methode lösen Augenbewegungen die emotionale Gebundenheit an frühere hässliche Erfahrungen. Dazu genügt es, in einem ruhigen Moment die Augen zu schließen und sich vorzustellen, wie beide Augäpfel in Zusammenarbeit eine liegende Acht bilden, das linke Auge deren linken »Bauch«, das rechte den rechten. Mit der Zeit werden diese imaginären, nur in Gedanken vollzogenen Bewegungen zu einer gewissen Entspannung führen, die durch entsprechende Meditationsmusik und geführte Meditationen noch zu steigern ist. Während die Augen die liegende Acht formen, gilt es, die emotional nicht bewältigte Situation nochmals zu durchleben.

So wie nachts in den REM-Phasen der Träume (*Rapid Eye Movement* = schnelle Augenbewegung) der Tag bewältigt wird, während die Augen sich im Schlaf bewegen, ist das auch tagsüber möglich. Mit EMDR können wir gezielt mit allen möglichen emotionalen »Baustellen« verblüffend gut fertig werden. Alles, was nicht zu bewältigen war, lässt sich damit überarbeiten, was viel besser ist, als sich darüber zu ärgern oder darauf sitzenzubleiben. Selbst mit lange zurückliegenden Missempfindungen kann so sehr einfach aufgeräumt werden – was zwar noch keine aufdeckende Psychotherapie, aber eine wundervolle Hilfe ist.

Die Tatsache, dass sich alles nochmals durchleben lässt, in Kombination mit der Erkenntnis, dass es nie zu spät ist, bietet eine unglaubliche Chance – und hier kommt diese einfache Technik zu voller Wirkung. Im ersten Schritt ist die alte unbefriedigende Situation in Entspannung und mit den kreisenden Augenbewegungen von EMDR nochmals zu durchleben. Der zweite Schritt besteht darin, die neue gewünschte Situation erstehen zu lassen und zu genießen und dadurch auch schon in der inneren Wirklichkeit der Seelen-Bilder-Welt zu verankern. Wer sich dann noch entsprechend darüber freuen kann, löst in seinem Gehirn genau jene Mechanismen aus, die diese bessere Lösung verankern und verfestigen. Also ist es tatsächlich wichtig und wissenschaftlich begründet, sich auch viel Zeit für die (Vor-)Freude zu nehmen.

Wahrscheinlich gibt es bei jedem von uns eine oder mehrere Phasen im Leben, von denen wir denken, wir hätten bestimmte Dinge damals besser und ganz anders machen sollen. Vielleicht wünscht man sich, mit den Eltern nicht so viel oder so heftig gestritten zu haben. Es ist nun leicht, die Gelegenheit zu ergreifen und sich mit diesem ungeliebten Teil von sich und seiner Geschichte zu versöhnen und Geschehnisse mithilfe einer Technik wie EMDR zu überarbeiten. So wie man konkret geografische Orte aufsuchen kann, ließe sich auch in der Seelen-Bilder-Welt an die (Zeit-)Punkte auf der Zeitachse zurückkehren, wo Dinge schiefgegangen sind, um die emotionale Energie daraus zu befreien. Eine verunglückte erste Liebeserfahrung etwa wäre so zuerst emotional zu überarbeiten durch nochmaliges Erleben unter kreisenden Augenbewegungen und anschließend zu reparieren mit einem Durchleben der Wunschsituation. Misslungene erste Schultage, aber auch alle anderen Reinfälle und Missgeschicke können dank dieser Doppelstrategie eine zweite und dritte Chance erhalten. Auf diese Weise wird es möglich, das ganze Leben zu überarbeiten und mit zweiten, dritten und besseren Versionen wieder in Gang zu bringen. Zur praktischen Durchführung sind zwei geführte Meditationen dazu als Download oder CD verfügbar.

Bilanz zu machen und unbewältigte Kapitel der Vergangenheit aufzuräumen und abzuschließen auf dieser noch wichtigeren inneren als der konkreten Ebene könnte also auch einen Punkt bekommen. Ordnung schaffen und Aufräumen mit einfachen Methoden hat sich zudem im konkreten Sinne mit Ansätzen wie *Simplify your life* bewährt. Was zur Bewältigung des Gerümpels des Alltags so hilfreich war, ist für die seelische Ebene noch wesentlich wichtiger, bestimmt diese doch viel entscheidender unsere Lebensstimmung.

Lebensprinzip: Jungfrau-Merkur (das Leben gründlich und nachhaltig in Ordnung bringen).

Die eigene Geburt noch mal durchleben, den Anfang korrigieren

Auf ähnliche Weise, wie man an seinen Geburtsort konkret zurückkehren kann und vielleicht sogar in sein Geburtszimmer, wenn es eine Hausgeburt war, lässt sich die Geburt nochmals auf der Ebene innerer Bilder durchleben. Beides lässt sich auch wundervoll verbinden in einer Meditation an Ort und Stelle, um die eigenen Wurzeln intensiv zu spüren.

Möglich wäre sogar, in tiefer Entspannung den Moment der eigenen Zeugung auftauchen zu lassen, um sich in der Atmosphäre des Eintretens und Einlassens auf dieses Leben zu erleben.

Im Anfang liegt bekanntlich alles, so wie am Schluss auch wieder alles zusammenkommt. Anfang und Ende sind die entscheidenden Punkte des Lebens, auch wenn die moderne Zeit sie aus den Augen verloren hat. Ganz sicher lassen sich Geburt und Empfängnis im Rahmen der Reinkarnationstherapie erleben und oftmals auch beim Verbundenen Atem.

Lebensprinzip: Jungfrau-Merkur (Reparaturen an Leib und Seele).

Sich Schattentherapie gönnen

Eine Überarbeitung des Lebens mag in Eigenregie nicht leichtfallen, vor allem nicht bei gravierenden Ereignissen. Hier käme die sogenannte Schattenarbeit im Sinne der Reinkarnationstherapie zum Zuge. Wer seine Muster und Anfänge kennt, ist sehr viel besser dran, sodass sich dieser Schritt umso mehr lohnt, je früher er unternommen wird. Doch selbst kurz vor Schluss ist eine Schattentherapie noch wundervoll heilsam.

Stets ist eine Psychotherapie ein großes Geschenk an sich selbst. In meinem eigenen Leben gibt es diese beiden entscheidenden Einschnitte: zum einen das Erlernen der Schicksalsgesetze – was mein Leben in zwei Hälften unterteilt: in eine scheinbar blinde und die bewusste anschließende – und zum anderen die vierwöchige Schattentherapie und das Erleben der persönlichen Bezüge zu allem und besonders der Verbundenheit mit dem eigenen Lebensmuster. Insofern kann ich nur empfehlen, sich und sein Leben so wichtig zu nehmen, dass wir ihm Zeit und Achtsamkeit gönnen von Anfang an und bis ins Hier und Jetzt, das so viel freudvoller zu erleben ist, wenn die Anfänge und Wurzeln bewusst und geklärt sind. Wer niemandem mehr etwas vorwerfen muss, weil er Projektion als Falle durchschaut, lebt natürlich unbeschwerter und entspannter.

Die Chance, nach einer durch die Schattentherapie ausgelösten und unterstützten Metamorphose wie Phönix aus der Asche aus seinem alten Leben aufzutauchen, ist ein an die eigenen Wurzeln gehendes plutonisches Geschehen.

Lebensprinzip: Pluto (den inneren Reichtum im Schatten entdecken).

Alles aufräumen

Auch das ganz konkrete Aufräumen inklusive des anschließenden Glücks- und Freiheitsgefühls ist es wert, auf die persönliche Liste gesetzt zu werden. Die lieben Erinnerungen der Vergangenheit können leicht zum Müll der Gegenwart werden. Als meine Mutter, eine leidenschaftliche Sonderschullehrerin, ihr Haus verließ, blieb ein Berg von liebevoll gebastelten Erinnerungsstücken ihrer ehemaligen Schüler zurück.

Sich von nicht mehr gebrauchten Gegenständen, von Gerümpel und Staubfängern mit einem klaren Schnitt zu trennen, kann eine ungemein erleichternde Erfahrung sein. Bei einer Hausreinigung werden sich Container füllen und entsprechende Lasten von der Seele lösen. Wer es nicht selbst tun kann, mag sich jemanden dazu anstellen und wird immer noch eine große sprichwörtliche Erleichterung verspüren und danach aufleben.

Gegen Ende der Lebensreise ließe sich das Aufräumen noch ein deutliches Stück weitertreiben, indem wir alle offengebliebenen Rechnungen begleichen, nicht nur finanziell, sondern vor allem auch seelisch. Und das Aufräumen ließe sich ganz am Ende noch vertiefen, wenn wir vorsorgend regeln, was zu regeln ist, und entscheiden und kommunizieren, was mit dem zurückbleibenden Körperhaus zu geschehen habe und mit den zurückbleibenden Dingen. Damit erleichtern wir den Nachkommen und Zurückbleibenden das Aufräumen nach dieser unserer Lebensrunde und übernehmen selbst vorausschauend die ganze Verantwortung.

Wer sich selbst als Bindeglied zwischen Ahnen und Nachkommen betrachtet, könnte ein Licht auf Verhaltensmuster und Familienthemen, auf Dokumente, Bilder und Erbstücke als Träger von Tradition werfen und so auch neben dem Lebensprinzip Jungfrau-Merkur (Thema Aufräumen) noch Stier-Venus berühren. Saturn könnte helfen, Überflüssiges von Wesentlichem zu unterscheiden und den Kern herauszukristallisieren.

Lebensprinzip: Jungfrau-Merkur (innere Ordnung), Saturn (das Essenzielle).

Eine Geburt (mit-)erleben

Wer sein Ende gut vorbereitet hat, könnte auch den neuen Anfang schon einmal ins Auge fassen und sich bemühen, bei einer Geburt dabei sein zu dürfen, vielleicht auf einem Bauernhof oder wenn irgendwo in der Nachbarschaft kleine Katzen oder Hunde zur Welt kommen. Wer diese Geburt wie ein Ritual miterlebt, kann sich innerlich vorbereiten, seine eigene Geburt nochmals zu durchleben. Es sind nämlich viele Geburten, die ein Leben ausmachen, und nicht umsonst sagen wir beispielsweise, die eigene Pubertät sei eine schwere Geburt gewesen.

Vielleicht können wir unsere Mutter dazu befragen, wie unsere Geburt verlaufen ist – als Muster des Anfangs. Möglich ist auch, von einem guten Astrologen unser Geburtshoroskop erstellen zu lassen. Und warum nicht im Erwachsenalter die eigene Geburt nochmals vor dem inneren Auge durchleben?

Vielleicht ist auch genügend Mut und das Vertrauen vorhanden, sich eine Sitzung mit der Technik des Verbundenen Atems zu gönnen, die häufig das Geburtstrauma wieder auftauchen lässt, wovon ein Name wie Rebirthing zeugt. Verbundener Atem ist die Form, die sich bei uns entwickelt hat, und ich kenne keine Methode, die rascher und beeindruckender zu ähnlich tiefen Erfahrungen führt. In den Anfängen sprachen die Therapeuten von Exist Rütte sogar von »LSD-Atmen«, weil es sie offenbar an Drogenreisen erinnerte. Nach meinen dreißigjährigen Erfahrungen mit dem Verbundenen Atem kann ich sagen, dass dieser Weg wesentlich sicherer und vielversprechender ist.

Der Durchbruch der Geburt ist natürlich ein marsisches Geschehen, der Verbundene Atem gehört zu Merkur und lässt Hermes/Merkur auch in der Gestalt des Seelenführers (Psychopompos) auftauchen.

Lebensprinzip: Mars (Durchbruch in das Neue).

Pflanzen und wachsen lassen

Es ist eine schöne Idee, eine Hand voll Erde von unserem Geburtsort mitzunehmen und darin rituell und symbolisch an jenem Ort einen Samen einzupflanzen, wo wir jetzt unser Zuhause gefunden haben oder eines (be-)gründen wollen. Wann immer wir etwas Grünes pflanzen, und am eindrucksvollsten natürlich einen Baum, arbeiten wir an unseren Wurzeln. Das ist der Grund, warum das Pflanzen eines Baumes solch eine symbolträchtige Geste ist. Man gibt damit einem Wesen, das noch so klein ist, aber das weit über uns selbst hinauswachsen kann, Boden und lässt es Wurzeln schlagen.

Abgesehen davon, wie freudvoll und im wahrsten Sinne des Wortes erhebend es ist, einem Baum beim Wachsen zuzusehen und zu erleben, wie er einem schließlich über den Kopf wächst und irgendwann Schatten und Schutz spenden kann, ist Wachsen etwas an sich Wundervolles. Selbst wenn es – wie alles – natürlich auch eine Schattenseite hat im Krebswachstum. Letzteres wird aber gerade durch bewusstes Wachsen verhindert.

Jeder Gärtner und Bauer erlebt angesichts des Gedeihens seiner (Feld-)Früchte Be*fried*igung und einen gewissen inneren Frieden.

Auch jeder Winzer, der seinen Wein wachsen sieht, kennt diese tiefe *Genug*tuung, wenn er alles dafür getan hat, sowie eine tiefe Freude – wundervoll dargestellt im Film *Der Engel mit den dunklen Flügeln*. Wer je sein eigenes Haus gebaut oder auch nur eingerichtet hat und es wachsen sah, kennt dieses Gefühl ebenfalls. So lässt sich hier mehrfach punkten beim bewussten Pflanzen eines Baumes wie auch beim Legen eines Grundsteins – und erst recht, wenn wir einem Kind beim Aufwachsen helfen.

Wer das Pflanzen eines Baumes als Ritual erlebt und sich der symbolischen Kraft dieses Aktes bewusst ist, kann damit seinem eigenen Leben neben Wurzeln auch Halt und Mitte und eine Achse geben, um die es sich drehen kann; so wie sich konkret alles um unsere Weltachse, die Wirbelsäule, auf der wiederum unsere Weltkugel, die *Haupt*sache, sich dreht. Einen guten Platz für den eigenen (Lebens-)Baum zu finden ist eine wundervolle Aufgabe und könnte ein wesentlicher Punkt auf der *Liste vor der Kiste* werden. Wie bei jedem Wachstumsprozess müssen wir auch Zeit investieren und achtsam sein, indem wir das Neugepflanzte sorgsam wässern, hegen und pflegen.

Lebensprinzip: Jupiter (wachsen), Mond (umsorgen, sich Zeit für Wachstumsprozesse nehmen).

Patenschaft übernehmen

Im spirituellen Bereich nennt man Menschen, die ihr Leben bewusst unter den Stern spirituellen Wachstums stellen und zu diesem Zweck etwa in einen Orden eintreten, auch Neophyten

(»Neugepflanzte«). Für mich, und ich glaube auch für viele andere, ist es am schönsten und erhebendsten, miterleben zu dürfen, wie Menschen wachsen. Das macht Elternsein oft so berührend und erfüllend, wenn es natürlich auch Schattenseiten hat, da eigene Kinder einem viel Eigenes und eben auch Dunkles widerspiegeln. Beides wahr- und wichtig zu nehmen, ist eine große (Wachstums-)Chance. Das macht auch den Beruf des Psycho- und besonders des Schattentherapeuten zu solch einer Berufung.

Der Schatten ist unser größter Schatz und ermöglicht deshalb das eindrucksvollste Wachstum. Dessen Zeuge zu sein, ist eine besondere Gnade, vor allem wenn man sich persönlich davon ansprechen und zu eigenem Wachstum animieren lässt. Wann immer man einem Menschen auch nur einen Rat geben kann, der ihn wachsen lässt, wird dieses gute Gefühl, das von Wachstum ausgeht, aufkommen. Und solche Formen erlösten Wachsens, sind obendrein die beste Vorbeugung bezüglich bösartigen Wachstums.

Natürlich können nicht alle Menschen Psychotherapeuten werden. Jedoch gibt es die verschiedensten Arten der Verbindung von Elternschaft und Seelsorge, um für die Seele und ihr Wachstum zu sorgen. Wir können eigene Kinder bekommen, aber auch fremde adoptieren. Wir können die Patenschaft für ein Kind übernehmen, und zwar auf verschiedenen Ebenen und in vielen Abstufungen. Wer Taufpate ist und diese Aufgabe ernster nimmt als heute meist üblich, kann seine Hand über ein Kind halten und es auf seinem Weg beschützen, ohne sein Wachstum zu behindern, sondern es im Gegenteil auf seinem Weg und in seinem Wachsen unterstützen und ein kleines oder auch größeres Stück mitwachsen. Der Taufpate soll im christlichen Sinne die Verantwortung für die geistig-spirituelle Entwicklung seines Patenkindes übernehmen und bekommt damit eigentlich die Rosinen der Elternschaft übertragen. All die Wachstumsimpulse, die man hier vermitteln kann, helfen einem selbst.

Früher hatten Kinder immer zwei Paten, die auch wahr- und wichtig genommen wurden, und sie hatten Groß(e)Eltern und meist noch viele Geschwister. Heute haben sie im schlechtesten Fall eine alleinerziehende Mutter, die tatsächlich alleingelassen ist mit dieser großen Aufgabe und deren wundervolle Seiten vor lauter Überforderung oft gar nicht mehr *wahrnehmen* kann. Auf sie kommt dann viel zu viel zu. In dieser Situation wären zwei verantwortliche Paten für Mutter und Kind Gold wert im konkreten wie übertragenen Sinn.

Viele Ältere sind als Großeltern inzwischen kaum noch gefragt, weil es wenig Nachwuchs gibt und die Familien heute oft räumlich weit voneinander entfernt leben. Nicht nur den Kindern, auch den Großeltern fehlt dann etwas, wenn wir bedenken, dass sie in der archaischen Gesellschaft zu *großen Eltern* aller Kinder des Stammes oder der Sippe berufen waren. Insofern haben sich in der modernen Gesellschaft verschiedene Ersatzebenen entwickelt. Man kann über *SOS-Kinderdorf* oder *Terre des Hommes* finanzielle Patenschaften für Kinder oder Kinderprojekte übernehmen, die sich ausdrücklich auf diese materielle Verantwortung beschränken.

Es gibt aber eine mich noch mehr ansprechende Zwischenstufe, zum Beispiel *Zukunft für Kinder (ZUKI)*, bei der Kontakt über Briefe und Geschenke mit dem »angenommenen« Kind möglich ist und bis hin zu Besuchen sogar erwünscht und gefördert wird. Das war für mich und meine Partnerin, die wir uns erst in der zweiten Lebenshälfte trafen, als unsere leiblichen Kinder schon groß waren, ein naheliegender Weg, eine gewisse Verantwortung für ein Kind gemeinsam zu übernehmen. Über Besuche oder wenigstens Bilder lässt sich das (Auf-)Wachsen des Kindes trotz räumlicher Distanz doch miterleben.

Kinder können natürlich nicht auf einer Liste als Punkt abgehakt werden, obwohl Männer das bei Scheidungen manchmal versuchen. Es gibt Punkte, an denen man länger zu tragen hat, und das Mondprinzip, um das es hier geht, hat und braucht Zeit.

Lebensprinzip: Mond (Fürsorge für andere).

Das Geheimnis der Zeit ergründen: innere und äußere Bilderreisen

Der archetypisch männliche Weg, sich einmal einen völlig perfekten Tag zu gönnen, könnte darin bestehen, im Zuge einer Urlaubsreise weit entfernte Ziele auf der Welt anzusteuern. Es mag aber inzwischen klar geworden sein, dass die entscheidenden Herausforderungen in der eigenen Seelen- und damit Gefühlswelt liegen: im zauberhaften Augenblick des Hier und Jetzt.

Zum Erlebnis eines vollkommenen Tages gibt es eine wundervolle Anregung durch den Film *Und täglich grüßt das Murmeltier*, in dem es der Held tatsächlich schafft, einen einzigen Tag, den er ursprünglich auf denkbar arrogante Art absolviert und verachtet hat, so lange zu wiederholen, bis er wirklich passt. Das bedarf mehrerer Anläufe und füllt einen inspirierenden Film über das Geheimnis der Zeit. Phil, Wetterreporter mit Starallüren, dargestellt von Bill Murray, findet auf diese Weise die Frau fürs Leben in Gestalt genau jener Rita (Andie MacDowell), die ihm vorher so sehr auf die Nerven ging. Er lernt Bezogenheit und die Demut, mit kleinen Dingen einverstanden zu sein, findet (s)einen Zugang zu Kunst und Hilfsbereitschaft und schließlich eben die große Liebe. Diese kann bekanntlich alles verändern und lässt ihn genau in jenem zuvor als so spießig empfundenen Provinzort auch den Platz finden, wo er zur Ruhe kommen und Wurzeln schlagen kann und tatsächlich auch will, nachdem er einen vollkommenen Tag verwirklicht hat. Dazu fällt mir die Zeile aus dem Gesang des Zen-Meisters Hakuin ein: »Wem nur ein einmaliger Sitz sich fügt, dem verschwindet unermesslich aufgehäuftes Böses.«

Das Geheimnis ist der eine wirklich gelungene Tag, dieses lange Nachsitzenmüssen, bei dessen Verwirklichung die zahllosen Spielarten eines überheblichen Intellekts durchlebt und durchschaut werden. Jener arrogante, zynische Phil wandelt sich im Film von einem kopflastigen Besserwisser zu einem einfühlsamen und mitfühlenden Menschen.

Der Film zeigt am Beispiel von Phil, wie jemand seinen Schatten erlebt, ihn durchlichten kann und sich damit auszusöhnen vermag. Paulo Coelho sagt entsprechend: »Du kannst blind werden, wenn du jeden Tag ähnlich siehst. Jeder Tag ist anders und bringt sein eigenes Wunder mit sich. Es geht nur darum, diesem Wunder Achtsamkeit zu schenken.«

Lernen wir also, uns Zeit für die Zeit zu nehmen und für das

Prinzip von Saturn (Chronos), zu dem ja auch alle Chronometer gehören, und wiederholen wir jeden misslungenen Punkt, bis er stimmt, um einen einzigen Tag rundum stimmig hinzubekommen. Dann würden wir es schaffen, einmal im Leben etwas richtig rund, ganz und gar fertig zu machen, sozusagen den Kreis zu schließen – so wie ein Dirigent am Ende eines Musikstücks mit beiden Händen spiegelbildlich einen Kreis formt und ein konzertiertes Ende schafft. Ein solcher Punkt auf der Liste wird dem Leben einen richtigen Schub geben.

Lebensprinzip: Saturn (sich Zeit nehmen, alles hat seine Zeit).

Aufwachsen

Eine wichtige Übergangsstation im Leben ist die Pubertät. Man ist dann kein Kind mehr, aber auch noch kein Großer, eher ein Halbstarker. Vielleicht können wir uns daran erinnern, wie wir uns damals gefühlt haben – aus der eigenen Perspektive vielleicht schon ganz »groß« zu sein und ziemlich überzeugt, viel zu wissen, aber irgendwie doch auch nicht so ganz und zweifelsfrei. Haben wir eigentlich die Idee genossen, unser ganzes Leben noch vor uns zu haben? Gehen wir einmal in Gedanken zurück in diese Zeit des Umbruchs, auch mithilfe der EMDR-Technik (der Trick mit den Augenbewegungen, siehe Seite 79), falls es Erfahrungen zu überarbeiten gibt. Wie mit der Pubertät können wir es genauso mit der Zeit der Adoleszenz machen, als wir uns vielleicht auch zwischen den Welten gefühlt haben: kein Jugendlicher mehr sein, aber auch noch keineswegs erwachsen, sozusagen weder Fisch noch Fleisch.

Mark Twain hatte bezüglich der Chancen, an solchen Punkten des Lebens die eigene Sichtweise zu ändern, eine wesentliche Erkenntnis und sagte sinngemäß: »Als ich vierzehn war, schämte ich mich entsetzlich für die unglaubliche und peinliche Dummheit meines Vaters. Mit einundzwanzig staunte ich dann aber doch, was für beeindruckende Entwicklungsschritte dieser alte Mann in nur sieben Jahren geschafft hatte …«

Aufwachen und aufwachsen haben eben viel gemeinsam. Vielleicht gibt es für uns einiges an diesem heiklen Übergang von der Kindheit zum Erwachsensein neu zu betrachten, und es ist eben nie zu spät für eine glückliche Jugend – unter anderem dank solch erlösender Techniken wie EMDR. Es lohnt sich also, uns viel Zeit für diesen Rückblick auf unser Heranwachsen zu nehmen, überhaupt auf all die Wachstumsschritte, an die wir uns erinnern.

Lebensprinzip: Saturn (Heranreifen),
Uranus (Umbruchphasen).

Freunde fürs Leben

Wir sollten uns stets gut überlegen, wovon wir uns trennen könnten, um das Leben leichter zu machen; Freunde gehören sicher nicht dazu. Sie können uns am Schluss sehr fehlen, vor allem wenn wir es zeitlebens versäumt haben, Freundschaften zu pflegen. So könnte es ein wichtiger Punkt auf der Liste sein, nach der ersten Freundin, dem ersten Freund zu forschen, als wir ihn oder sie aus den Augen verloren haben, und wieder Kontakt aufzunehmen. Oder wir versuchen, den wichtigsten Schulfreund, die damals beste Freundin wiederzutreffen.

Wirkliche Freunde sind Menschen, die einen gut kennen, aber mit größerem Abstand sehen und ohne »Betriebsblindheit«. Sie können uns an alte Träume und Visionen der Jugend erinnern, die in unserem Alltagstrott längst untergegangen sind. Als der beste Schulfreund uns zuletzt sah, waren diese Ideen und Pläne noch lebendig und könnten nun wieder aufleben.

Vergessene Freunde zu besuchen und sich mit ihnen auszutauschen, wäre also einen Eintrag auf der Liste wert, der den letzten Punkt, das Loslassen, deutlich erleichtern könnte. Und besonders sollten uns diejenigen Freunde am Herzen liegen, mit denen wir noch Zeit verbringen wollen.

Zwei von meinen drei besten Freunden, die schon frühzeitig gegangen sind, haben ihr Lebenslicht an beiden Seiten angezündet, und wir hätten uns eigentlich denken können, dass so verwendete Kerzen rascher abbrennen. Warum also gemeinsame Stunden auf später verschieben, warum gemeinsame Vorhaben nicht beherzt in die Tat umsetzen und gemeinsam Feste feiern? Freundschaften und Wahlverwandtschaften wichtig zu nehmen, ist außerdem eine wundervolle Möglichkeit, beflügelnde Leichtigkeit und bezaubernde Spontaneität ins Leben zu bringen und die Erinnerung an die Ideale wachzuhalten, mit denen wir einmal angetreten sind.

Lebensprinzip: Uranus (Freundschaft leben und Ideale lebendig halten).

Die Umkehr zur Lebensmitte

Der Umkehrpunkt in der Lebensmitte verlangt unsere Aufmerksamkeit. Vielleicht ist dessen Betrachtung zeitlich schon angesagt und gehört auf unsere Liste. Anders gefragt: Wann bin ich umgekehrt, und bin ich es überhaupt? Keine Midlifecrisis gehabt zu haben, mag ein gutes Zeichen sein, denn wer will und braucht schon Krisen? Es kann aber auch anzeigen, dass man den Wechsel einfach verpasst hat, vielleicht weil man (noch) keine Zeit dafür hatte.

Mit einundfünfzig ist die Lebensmitte insofern erreicht, als die meisten Frauen in diesem Alter hormonell wechseln. Dass Anfang fünfzig die passende Zeit ist, zeigt sich aber nicht nur *bio*-, sondern auch *chrono*logisch. Ziehen wir die Zeit von Kindheit und Jugend ab, die der Lebensvorbereitung dient, bleiben von der dann in Aussicht stehenden Lebenserwartung von gut achtzig Jahren noch sechzig Jahre übrig. Die Hälfte davon sind dreißig Jahre; zählen wir sie zu den ersten zwanzig hinzu, ergeben sich als Lebensmitte fünfzig Jahre.

Diese Wechsel- oder Um- und Einkehrzeit wäre nicht nur einen Punkt, sondern auch eine Meditation wert: Es gilt, Bilanz zu ziehen über die erste Hälfte des Lebens. Nur wenn das geschieht, kann die zweite Lebenshälfte gelingen, wie bei einem Spiel, bei dem in der Halbzeitpause die Strategie zum Sieg und Gewinn der Partie überdacht und eventuell neu festgelegt wird. Gleichgültig, welches Spiel wir wählen, die zweite Hälfte ist immer die entscheidende. Die Siegtrophäe wird erst nach dem Abpfiff beziehungsweise am Ende (des Lebens) übergeben; um sie zu erringen, könnte ein radikaler Wandel (Pluto) in der Lebensmitte anstehen, zumindest eine entsprechende Vorbereitung auf die Zeit der Reife.

Lebensprinzip: Uranus (Umkehr), Pluto (radikaler Wandel), Saturn (Zeit der Reife).

Einen besonderen Brief schreiben

Einen Brief sorgsam mit der Hand zu schreiben, scheint heutzutage eine überflüssige und altmodisch langsame Angelegenheit zu sein, dabei beinhaltet es einige Chancen. Wir haben uns daran gewöhnt, auf Smartphone oder Laptop einfach draufloszutippen, weil es oft schnell gehen soll, informell sein darf und stets korrigierbar scheint. Bei einem handschriftlich verfassten Brief konzentrieren wir uns jedoch anders auf die Formulierung unserer Botschaft, und diese Besinnung ist Teil der Übung. Wir können uns so Dinge von der Seele schreiben.

Wer in die Erlebniswelt der eigenen Geschichte eintaucht, erlebt häufig, dass der Wunsch entsteht, an sich selbst (einen Brief) zu schreiben. Es könnte ein ganz besonderer Brief werden, etwa ein Willkommensgeschenk zur Ankunft auf dieser Welt: Was würde ich mir schreiben, wenn ich nochmals ganz von vorn anfangen könnte oder müsste? Was würde ich mir heute wünschen, damals schon gewusst zu haben? Was würde ich mir unbedingt ersparen wollen? Was unbedingt anders machen? Wovor würde ich mich warnen? Wozu mich animieren und mir raten? Dieser Brief könnte ein wichtiger Punkt auf der Liste sein und das Merkurprinzip ins Spiel (des Lebens) bringen.

Eine andere, ebenfalls punktverdächtige Version wäre, sich in die damalige Situation der Ankunft zurückzuversetzen und aufzuschreiben, was man sich zu Beginn und in den verschiedenen Phasen des Lebens wünschte. Dabei mag es zu einer interessanten Verschränkung der Perspektiven kommen zwischen den Wünschen als Kind, als Heranwachsender und den aktuellen. In welcher Beziehung stehen die ursprünglichen und die aktuellen Wünsche zueinander?

Andere wichtige Briefe ergeben sich, wenn wir uns selbst aus heutiger Sicht anlässlich verschiedener Stationen unseres Lebens schreiben. Da könnte der Brief zum ersten Schultag eine Rolle spielen und der zu Beginn der Pubertät und des ganzen Beziehungstheaters, der zum Abschluss der Schule und zu Berufsbeginn. Oder man kann aus heutiger Perspektive einen Brief zur eigenen Geburt an die Mutter schreiben, auch an den Vater, die Groß(en)Eltern und Geschwister, an wichtige Lehrer, Meister, Mentoren und Professoren. Die wesentlichen Briefe des Lebens zu schreiben, erspart uns, so viele am Ende schreiben zu müssen, zumal einige Adressaten dann schon ohne Adressangabe verzogen sein werden.

Lebensprinzip: Zwillinge-Merkur (sich mitteilen).

Erinnerungslücken schließen

Die Dinge, an die wir uns nicht mehr erinnern, sind von besonderer Bedeutung, denn alles Verdrängte drängt, alles Vertriebene treibt, und alles Vergessene fehlt zur Ganzheit.

Das Vergessene muss keineswegs etwas Scheußliches sein, womit wir uns nicht gern befassen. Auch unser Genie, unsere kühnsten Träume und schönsten Visionen versinken oft im Abgrund von Erinnerungslücken. Vielleicht haben wir etwas gerade deshalb verdrängt, weil es so wunderbar ist – oder weil wir keine Chance mehr sahen, es noch zu erleben, oder einfach weil wir den Glauben an eigene Verwirklichung und an uns selbst verloren haben.

Nehmen wir uns also Zeit für das Wichtige, aber nicht Erinnerte, und lassen wir uns im Rahmen einer Meditation darauf ein. Dafür legen wir uns entspannt hin, mit großer Offenheit, was sich auch in den nach oben zeigenden Handflächen ausdrückt, und wir öffnen uns in Gedanken all dem, was so wenig Raum und Zuwendung bekommen hat, dass es mit der Zeit versunken ist. Wenn wir uns regelmäßig solch eine Zeit zur Erinnerung des Verschütteten gönnen, wird es auftauchen – vielleicht als inneres Bild, das sich zuerst bruchstückhaft, dann aber immer deutlicher ans Licht der Bewusstheit wagt. So mögen sich unsere kühnsten Träume einige Zeit lassen, unsere wundervollsten Visionen etwas mehr Zeit und Vertrauen brauchen, unsere dunkelsten Momente noch mehr Zutrauen abwarten, aber sie werden aus dem Schatten auftauchen und dann auch gern wieder an unserem Leben teilnehmen.

Das Buch *Das Schatten-Prinzip* und vor allem die darin enthaltene CD können dabei sehr helfen. Das Dunkelste und das Wundervollste ist oft ein und dasselbe, weil der Schatten unser größter Schatz ist. Vertrauen ist gefragt, damit sich das im Schatten Liegende wieder ins Bewusstsein wagt. Dann aber können wir ganz anders und viel runder und reicher leben.

Lebensprinzip: Saturn (Begegnung mit dem Fehlenden), Pluto (Begegnung mit dem Schatten).

Das innere Kind entdecken

Auf der Reise in die eigene Vergangenheit, bei der Entdeckung von Erinnerungsschätzen (und -lücken), dem Enthüllen früher Prägungen und Muster wird es nicht ausbleiben, dass wir auf unser inneres Kind stoßen. Es ist ein ebenso wichtiger wie wundervoller Punkt auf der Liste, sich mit ihm anzufreunden, denn unser inneres Kind kann uns zu so vielen versunkenen Schätzen unserer Seele führen. In ihm begegnen wir den Archetypen von Sonne und Mond. Der ausgesprochen liebenswerte Film *The Kid – Image ist alles* mit Bruce Willis macht das vor und zeigt uns die Schattenseite des Sonnenprinzips in der Geltungssucht der Imageberater-Welt und das erlöste Mondprinzip mit seiner anheimelnden Gefühlswelt: Da drängt sich ein schwer vernachlässigtes inneres Kind mit Nachdruck in das Leben des sehr »erfolgreichen« Imageberaters und macht aus dessen perfektem Funktionieren tatsächlich wieder ein Leben, sogar ein gemütlich mondiges mit Familie und Hund. Es ist eine große Hilfe auf dem Weg zu Originalität, Kreativität und Erfüllung, sich diesen Film in meditativer Stimmung anzusehen im Hinblick auf das eigene innere Kind und dessen Entdeckung und Entwicklung.

Wer lernt, sein inneres Kind anzunehmen und zu lieben, wird sich selbst mehr lieben können, was überhaupt Voraussetzung dafür ist, andere zu lieben. Den Nächsten lieben wie sich selbst, lautet der christliche Auftrag, das wäre schon viel und wundervoll. Eine Inspiration dafür mag auch von dem Film *Auf der Suche nach dem goldenen Kind* mit Eddie Murphy ausgehen. Er zeigt bei allem Witz und uranischem Anteil die erlöste Sonnenseite im goldenen, vollkommenen Kind der tibetischen Mythologie und seine Auseinandersetzung mit dem Schattenreich des Plutoprinzips.

Ein Zugang zum inneren Kind könnte sich auch auf originelle, lustige Weise öffnen, wenn wir ihm einen ganzen Tag in einem »Kinderland« gönnen. Tatsächlich gibt es für solche Bedürfnisse und die verdrängten, zu kurz gekommenen inneren Kinder inzwischen ganze »Ländereien« wie etwa Disneyland in Kalifornien, Florida oder Paris. Vor allem im Kinderland USA gibt es jede Menge Themenparks für alle Altersgruppen. Ich erinnere mich, wie ich, nach anfänglichem Herumnörgeln an den vielen Amerikanismen, dort schließlich größten Spaß hatte und in einer tollen Geisterbahn tatsächlich das Fürchten der Kindheit wiedererlebte, Mutproben bestand bei freiem Fall und atemberaubenden Ritten stehend in Achterbahnen mit Vielfachlooping, simulierten Raumflügen und anderen Ausflügen in die Kinder- und Jugendwelt. Nachdem der Eintrittspreis einmal entrichtet ist, liegt bei diesen Parks die finanzielle Normalwelt hinter dem Besucher, und man wird nicht ständig wieder abkassiert wie auf europäischen Volksfesten und Rummelplätzen. So kann der kreative, verrückte und wagemutige Teil des inneren Kindes ungestört aufleben.

Der liebevolle, staunende Teil, der mit den Augen des *Kleinen Prinzen* die Welt erschaut, wird sich eher nach Meditationen melden. Er ist es wohl auch, den Christus im Auge hat, wenn er sagt:

»Wenn ihr nicht umkehret und werdet wie die Kinder, das Himmelreich werdet ihr nicht erlangen.«

Umkehren ist heute ein die ganze moderne Gesellschaft und Welt betreffendes Thema. Wir haben uns mehrheitlich in die Wirtschaftswelt der Zahlen und des Geldes verrannt oder verführen lassen. Statt Geld zu besitzen, um unsere Seelenbedürfnisse zu l(i)eben und zu erfüllen, sind wir besessen davon und haben Letztere fast vergessen. Insofern ist die (Wieder-)Entdeckung des inneren Kindes eine große Aufgabe für viele. Dass wir in dieser Hinsicht fast alle im selben Boot sitzen, hat auch Vorteile und uns nicht nur Kinderparadiese wie Disneyland und den Europapark beschert, sondern auch ein Gefühl füreinander und unsere geteilten Defizite.

In unserem Schlammteich in TamanGa habe ich etliche nach Beachtung und Ausdruck strebende unterdrückte Kinder erlebt. Ursprünglich als Ort für Erdrituale und solche im sumpfigen Reich von Pluto-Hades geplant, gerät dieser Teich sehr rasch zum Schauplatz genussvoller Schlammschlachten, die wir in jungen Jahren versäumt haben oder die uns verboten waren und die unser inneres Kind bei jeder sich bietenden Gelegenheit einfordert. Und daraus entwickelt sich nicht selten ein pubertäres gegenseitiges »Einschlammen«, bei dem sich der sinnliche Genuss des warmen Tonschlammes mit dem wohligen Genuss der Formenwelt der Körper manchmal bis in orgiastische Empfindungen steigert. Es drängen, sobald wir ein Feld dafür schaffen, alle verdrängten (Be-)Reiche nach oben.

Lebensprinzip: Mond (inneres Kind), Sonne (Lebensfreude).

Schweigen

Nach dem Besuch der Vergangenheit könnte mit einer Zeit des Schweigens das Saturnprinzip in den Vordergrund rücken und damit eine Phase des Bilanzziehens, der Reduktion auf Wesentliches und der Rückkehr zum Einfachen beginnen. Wenn zudem der eigene innere Dialog einmal zum Schweigen kommt, das ständige Geplapper des Intellekts, erleben wir den Himmel, sind wir im Himmel. Nirgendwo sind wir Gott näher als in absolutem Schweigen. Nur in der Stille kann Gott zu uns sprechen, das wussten schon die Alten. Meister Eckhart sagt: »Ich sitze auf einem Stein und schweige und horche, was Gott in mir spreche.« Da uns Schweigen Gott und der Einheit näherbringt, haben es so viele Religionen in ihre Exerzitien aufgenommen, Kartäuser üben es lebenslang.

Seit fünfunddreißig Jahren erlebe ich in unserem an die Zen-Tradition angelehnten Kurs *Fasten – Schweigen – Meditieren* das Schweigen in großen Gruppen und bin noch immer fasziniert von seiner Qualität. Gern erinnere ich mich an die große Kraft, die vom Schweigen ausgeht. Die Vorbereitung auf die Stille kann bereits wundervoll sein. Teilnehmer, von denen manche seit dreißig Jahren zu diesen Seminaren rituellen Schweigens und Meditierens kommen, berichten, wie diese Übung der Einfachheit sie verändert und zu sich bringt. Ein Paar, das das Exerzitium einer schweigenden Woche in einem Zimmer gemeinsam erlebte, berichtete, dass beide sich durch Gespräche niemals so nahe gekommen seien und eine so intensive Zeit verbracht hätten.

Wenn wir uns die Zeit für eine Woche Schweige-Retreat nehmen, und es uns wirklich gönnen, ist das ein großes Geschenk an uns selbst und kann ein zentraler Punkt auf der *Liste vor der Kiste* werden. Schweigen ist eine Herausforderung, vielleicht haben wir nie eine weitere Reise unternommen. Sie führt mitten in Saturns Reich, wo neben der Stille auch Einfachheit und Schlichtheit, Bescheidenheit und Demut zu Hause sind, wie auch Struktur und (innere) Ordnung.

Lebensprinzip: Saturn (Konzentration auf das Wesentliche).

Fasten

Schweigen und Fasten lassen sich wundervoll verbinden. Aber natürlich ist eine Fastenzeit allein schon einen Punkt auf der Liste wert.

Seit vierzig Jahren faste ich regelmäßig im Frühjahr und im Herbst je zwei Wochen und möchte dieses Exerzitium, das ich früher allein genossen habe und seit fünfunddreißig Jahren mit Seminargruppen teile, nicht mehr missen. Nicht umsonst kennen es alle religiösen Traditionen und vertrauen darauf.

Unser Körper ist nicht nur das Haus, in dem die Seele wohnt, sondern auch das Instrument, auf dem sie spielt. Vielleicht sollte dieses Instrument immer wieder neu gestimmt werden. Würden alle Organe und Gewebe gründlich gereinigt und entschlackt, könnte dieses Orchester wieder ganz neue Symphonien spielen und der eigentlichen Melodie unseres Lebens Ausdruck verleihen. Dafür ist Fasten ideal. Als Wohnhaus der Seele verdient der Körper natürlich unsere Aufmerksamkeit, damit er uns lange und gut dient. Es ist sogar möglich, den *Körper* bewusst zum *Tempel der Seele* zu machen (und genau aus diesem Grund nenne ich meinen Einsteiger-Fastenkurs so).

Hildegard von Bingen sagt vom Fasten, es habe heilsamen Einfluss auf neunundzwanzig der ihr bekannten fünfunddreißig Laster oder Süchte, wie sie Krankheitsbilder nannte. Lediglich fünf Laster könne es nicht heilen, und nur eines, die Hybris oder Arroganz, werde dadurch verschlimmert. Das ist so, aber eine bekannte ist nur noch eine halbe Gefahr. Wer fastet, sollte sich von Anfang an hüten, die Nicht-Fastenden mit Arroganz abzustrafen.

Fasten wir also eine Woche lang – vielleicht wird eine Tradition daraus. Wenig anderes ist so gesund für Körper, Seele und Geist, und – da es dem Saturnprinzip dient – von enorm vorbeugender Wirkung. Nur der Umstieg auf pflanzlich-vollwertige Kost ist noch wirksamer, und der kennt keine bessere Einleitung als eine Fastenzeit.

Lebensprinzip: Saturn (Beschränkung auf das Wesentliche).

Stille und Dunkelheit

Absolute Dunkelheit ist eine sehr intensive Erfahrung. Wenn wir in die Dunkelheit, die samtene Schwärze der Nacht, eintreten, verabschieden wir uns sowohl aus der Zeit, weil wir das Gefühl für sie verlieren, als auch vom Raum, da wir ihn nicht mehr sehen. Raum und Zeit, nach östlicher Weisheit die beiden großen Täuscher in unserem Leben, treten in den Hintergrund. Das deutet schon auf die Chancen hin, die in diesem Exerzitium liegen.

Es fällt nicht leicht, für eine gewisse Zeit das Licht ganz auszuschließen, aber wenn es gelingt, ist der Effekt verblüffend. Nach drei Tagen oder gar einer Woche in völliger Dunkelheit kann nicht nur das innere Licht an Kraft gewinnen, sondern das äußere bekommt auch eine andere, tiefere Bedeutung für uns. Dem Osten war diese Übung schon lange bekannt; dem Westen wird sie zum absoluten Gegenpol seines Lebensstils und kann daher ein großes Geschenk und wesentlicher Punkt auf der Liste werden. Holger Kalweit hat mit *Dunkeltherapie* ein lesenswertes Buch darüber geschrieben.

Natürlich liegt es nahe, solch eine Zeit der Dunkelheit mit den beiden anderen Geschenken von Saturn zu verbinden: Schweigen und Fasten. Wenn das Sehen wegfällt, kann Schauen geschehen und sich die innere Schau entwickeln. Wenn Reden wegfällt, kann der innere Dialog noch bewusster werden und in der Meditation für gewisse Zeit sogar stoppen. Wenn Hören wegfällt, fängt Horchen an. So bekommt die innere Stimme mehr Gewicht, und ihr schließlich zu ge*horchen* kann das größte Geschenk der dunklen Zeit sein.

Vor allem aber ist das freiwillige Eintauchen in die Dunkelheit auch ein hervorragendes Exerzitium der Vorbeugung. Alle Traditionen, alten Kulturen und Mythen wissen von der Notwendigkeit der Nachtmeerfahrt der Seele. Wir Modernen erleben sie vor allem in Depressionen, Burn-out-Zuständen und Angstsyndromen – ihr freiwilliges Erleben macht jedoch solche Zwangsbelehrungen durch das Schicksal überflüssig. Deshalb haben wir in TamanGa, unserem spirituellen Zentrum in der steirischen Toskana, einen Dunkelraum gebaut, der diese Möglichkeit eröffnet.

Lebensprinzip: Saturn (Innenschau).

Traumurlaub

Die einfachste Form, Träume zu verwirklichen, ist der Urlaub im Sinne von Ferien vom Normal-Ich. Dafür sind wir bereit und gewohnt, viel zu unternehmen, weit zu fahren und große Summen zu zahlen. Gerade weil wir so gern vom Traumurlaub träumen, ist es vielleicht an der Zeit und einen Punkt wert, sich wirklich diesen Traum einmal ohne Einschränkungen zu erfüllen. Das geht manchmal leichter und einfacher als gedacht, jedenfalls habe ich es so erlebt.

Statt wunderschöne Orte der Welt zu bereisen und aus bescheidenen Hotelzimmern, in denen von Wohnen kaum die Rede sein kann, mit uneingestandenem Neid die Traumvillen von Überfliegern zu betrachten, ist es so leicht möglich, sich diese(n) Villen zu öffnen. Bei mir ist diesbezüglich der Groschen in Bali gefallen. Der ursprüngliche Plan war, einfach die Insel und unsere Liebe zu genießen und in Ruhe zu schreiben. Schöne Hotelzimmer in Vier- und Fünfsterne-Bettenburgen war ich gewohnt, aber der Zufall schenkte uns eine neue, viel bessere Idee. In Bali ist es üblich, die schönsten Villen zu vermieten, statt sie die meiste Zeit des Jahres leer stehen zu lassen. Dadurch können sich viele Leute komfortable Traumplätze leisten – als Besitzer wie auch als Mieter. Geschmackvolle Häuser, dem traditionellen Bali-Gehöft nachempfunden, wo innen und außen ineinanderfließen – mit tropischen Gärten als Wohnzimmer voller Wasserspiele, Blumen und Schönheit, wohin das Auge reicht –, sind zu haben. Weder Heizung noch eigentlich Wände sind notwendig; alles ist offen und genauso so, wie ich mir immer ein Paradies zum Wohnen und Schreiben vorgestellt habe. Diese Entdeckung liegt für mich nun zehn Jahre zurück, und die erste Villa ist längst gegen eine noch viel schönere getauscht. Das ist alles viel erschwinglicher als gedacht, wenn wir bereit sind zu teilen – mit Freunden etwa im gemeinsamen Urlaub oder auch mit Fremden, wenn wir sowieso nicht da sind. Und warum sollte ich mein Paradies nicht bewusst mit Menschen teilen, die ich mag? Gemeinsam solchen Luxus zu genießen, ist meist noch schöner. Große Häuser werden dadurch auch für die Besitzer erschwinglich und lassen sich besser erhalten. Außerdem gehen Fremde, die dasselbe Feld wählen, in Resonanz miteinander. Auf diese Weise sind aus Fremden schon Freunde geworden. Eigentlich trennt Fremde von Freunden letztlich nur Zeit, vor allem wenn man bedenkt, dass nach christlicher Lehre sogar Feinde nur durch Zeit getrennte Freunde sind. Hinzu kommt noch der Gedanke, dass wir hier alle nur Gäste sind für eine (uns) bestimmte Zeit, und würden wir uns ständig wie Gäste fühlen und (auf-)führen, ginge es unserer Erde und damit uns allen besser.

Lebensprinzip: Sonne (Luxus in einem Sonnenland).

Der Paradiesort auf Erden

Fast jede(r) hat einen absoluten Sehnsuchtsort auf diesem Planeten und träumt davon, ihn einmal zu besuchen oder vielleicht sogar für (s)eine Zeit dort zu leben. Dieser tiefe Wunsch steht stellvertretend für die Sehnsucht, zu sich selbst zu finden: Wer einen äußeren Traumort bewusst besucht, gelangt auch an einen inneren. Das ist wirklich leicht; ich habe es erlebt.

Wenn es nicht mit meinem »Bali-Trick« (siehe oben) klappt, kann oft die Zeit zum Schlüssel werden. In der Kürze liegt durchaus Würze nach dem Motto »Lieber für eine Woche etwas Traumhaftes als vier Wochen lang Mittelmaß«.

Das Wundervolle an unserer Welt ist, dass es Plätze so unterschiedlicher Qualität gibt, die uns alle möglichen Erfahrungen eröffnen. Es gibt noch Orte, wo Menschen leben wie in der Steinzeit oder im Mittelalter, Orte, die uns in die Zeit um 1900 eintauchen lassen, und wir können sogar in die Zukunft reisen, wenn wir das Silicon Valley in Kalifornien oder das Epcot-Center in Florida besuchen.

Ein Leben lang habe ich die Welt bereist und habe aus eigenem Antrieb nicht zweimal denselben Ort besucht. Doch seit ich Bali kenne, habe ich hier im Winter, wenn Österreich einfach kein sonnig warmes »Löwe«-Wetter bietet, ein neues Zuhause, wo immer tropisches Klima herrscht. Es war gewöhnungsbedürftig, für die Immobilie eine gewisse Mobilität zu opfern, aber es ist auch so schön und bequem, und ich bin sehr froh, es mir zuzugestehen.

Sich in seinem bevorzugten Kreis einen Urlaub wie ein(e) König(in) zu gönnen, ist also möglich, wenn man den Rahmen nur in verschiedener Hinsicht etwas erweitert. Andere sind in anderen Sternzeichen geboren und brauchen deshalb wohl ein anderes Revier für ihren Traum. Wahrscheinlich haben die meisten auch gar nicht den Wunsch, durch freundliche Dienstboten einfach alles abgenommen zu bekommen, was sie am Schreiben und

Genießen hindert. Wahrscheinlich ist Schreiben für andere nicht einmal Genuss, und dann kommt es für die meisten – im Urlaub – sowieso nicht infrage. Es macht deutlich, wie wichtig es ist, die *Liste vor der Kiste* wirklich für sich persönlich zu erstellen und herauszufinden, wer man ist und dass es ein eigenes, ganz individuelles Leben vor dem Tod gibt.

Die gute Nachricht ist, dass unser Traumplatz schon auf dieser runden Erde existiert; es dauert nur manchmal etwas länger, bis er sich zeigt. Es wäre natürlich gut, jeder würde auch aktiv danach suchen – mit Achtsamkeit. Da dieser äußere Ort auch so viel mit dem inneren Ort zu tun hat, sind alle Widerstände auf der Suche symbolisch und wichtig zu nehmen. Wir können daran wie überhaupt an Symptomen und Widerständen wundervoll wachsen. Ob wir uns so einen Ort für eine kürzere oder längere Zeit leihen – und nur darin liegt der Unterschied zwischen *mieten* und *besitzen* –, das Wundervolle ist die Möglichkeit, ihn außen und innen zu finden. Unsere Sehnsucht ist unser Fährtensucher, und unser Verstand kennt wahrscheinlich nicht den Weg dorthin, aber unsere Seele vielleicht bereits den Ort, und er ruft sie auch seinerseits. Es gilt also nur, zu horchen und dem Ruf zu gehorchen und zu folgen – dann folgt der Erfolg. Und je mehr wir uns den neptunischen Schwingungen ausliefern, die uns als Ahnungen und Sehnsüchte, Träume und Visionen erreichen, desto besser stehen unsere Chancen, unseren besonderen Ort der Inspiration und Kraft zu finden.

Lebensprinzip: Neptun (der Sehnsucht folgen).

Segnen

Wenn auf einem Menschen, einem Ort oder einer Unternehmung Segen liegt, ist das wundervoll. Gesegnet zu sein oder zu werden, ist für uns immer noch ein großes Anliegen, sonst würden nicht so viele Menschen weder Kosten noch Mühen scheuen, um nach Indien zu reisen und sich dort Deeksha, die Kunst des Segnens im Hinduismus, beibringen zu lassen. Letztlich war auch das aus Japan stammende Reiki nichts anderes. Persönlich wurde ich zu beidem in der jeweiligen Anfangszeit dieser Bewegungen eingeladen und war überrascht, wie ähnlich sich die Kulturen bezüglich des Seg(n)ens sind. Erstaunlich nur, welch Aufwand dabei betrieben wird, denn den Segen gibt es natürlich auch bei uns und selbstverständlich gratis. Jeder Pfarrer und Priester kann Segen spenden, und wir können es natürlich auch, müssten uns nur trauen, aktiv zu werden.

Bei der Deeksha-Einweihung geschah gar nichts anderes: Uns wurde lediglich feierlich die Erlaubnis erteilt zu segnen, nämlich die Hände über den Kopf des anderen zu halten und lichtvolle Schwingungen von oben auf ihn herabzuziehen. Bei den Reiki-Einweihungen wurden in einem kleinen, kurzen Ritual in die Hände symbolisch Zeichen übertragen, die die Fähigkeit des Heilens und Segnens verbessern.

Das Gute ist: All das funktioniert. Je mehr wir davon Gebrauch machen und segnen, desto wirksamer wird es – bei allen. Ich selbst habe diese einfache »Kunst« in unseren Ausbildungen zur Bilder- und Atemtherapie auch gern weitergegeben und sie für mich erweitert, was ich ebenfalls gern weitervermittle. Statt nur die Energie von oben herunterzuholen, also sie gleichsam vom Vater im Himmel zu beziehen, lade ich dazu ein, sie auch noch von unten heraufzuholen, erbitte sie also auch von Mutter Erde oder der Großen Göttin. Wenn ich mich zum Beispiel zum Schreiben hinsetze, verbinde ich mich für einen Moment mit dem Göttlichen in mir, meiner Vorstellung von Einheit, öffne mich dann den oberen himmlischen Energien, die durch das Kronen-Chakra am Scheitel eintreten und bis ins Herz und von dort in die Hände und Finger fließen. Anschließend oder inzwischen auch zugleich öffne ich mich den unteren Energien der Großen Mutter und stelle mir vor, wie ihre Schwingungen durch meine Wurzeln aufsteigen, das Becken erreichen und über die dortigen Chakren bis ins Herz gelangen, von wo sie – sich mit der oberen Energie verbindend – bis in die Fingerspitzen fließen. Wenn ich die Energie dort angekommen fühle, was mittlerweile sehr rasch geschieht, fange ich auch schon an zu schreiben. Dadurch fühle ich mich verbunden und in Ordnung im Sinne von eingeordnet. Oft glaube ich auch zu spüren, wie sich dadurch ein Segen auf die Arbeit legt. Das kann ich, entsprechend angepasst, natürlich auch vor einem Vortrag tun, vor dem Kochen und was immer sonst ich gerade vorhabe. Ich übe mich schon lange ganz selbstverständlich, alles in meinem Leben zu segnen. Außerdem verwende ich Weihwasser, und dazu braucht man nicht einmal katholisch zu sein. Dem Weihwasser ist es egal, wer mit ihm weiht und segnet. Die Menschen in Bali nehmen Leitungswasser, das sie in die Sonne gestellt haben; ich bevorzuge Weihwasser aus dem Ritual der katholischen Ostermesse.

Es wäre ein guter Punkt, sich der Kunst des Segnens wieder zu öffnen. Warum nicht vor einer langen oder auch kurzen Fahrt das Auto segnen? Warum nicht den Segen für das Haus erbitten, in dem ich lebe? Für das Essen, das ich koche und esse? Für das Abenteuer, das ich wage? Für das Leben, das ich führe? Natürlich wird das alles wirksamer, wenn ich daran glaube, denn es ist der Glaube, der Berge versetzt.

Als wichtigen Punkt für die Liste lässt sich also festhalten, in eine Kirche oder zu einem spirituellen Lehrer unserer Wahl zu gehen und uns segnen zu lassen. Darüber hinaus könnten wir beginnen, auch uns selbst, das eigene Selbst, und jeden neuen Tag mit seinen Chancen und Herausforderungen zu segnen. Es gäbe nur die Schattenseite des hier angesprochenen Jupiterprinzips zu bedenken, das heißt, dem Größenwahn zu widerstehen und sich nicht schon gleich als Priester(in) zu fühlen, nur weil man Seg(n)en entdeckt hat.

Lebensprinzip: Jupiter (Segen und Segnen).

Dem Alter mit Würde begegnen

Keiner weiß, wie lange seine Verweildauer auf unserem Heimatplaneten ist. Es ist auch gut so, dass wir unser »Ablaufdatum« nicht kennen. Ich kann nur abraten, es herausfinden zu wollen. Nach meiner Erfahrung hat es immer nur geschadet und zum Teil erheblich. Wer sich von Neugierde dazu hinreißen lässt, es sich von egomanen Astrologen oder übergriffigen Weissagern verkaufen zu lassen, ist natürlich selbst schuld. Denjenigen, die sich aus jugendlichem Leichtsinn nicht zurückhalten konnten, brachte es nur Schwermut. Die Voraussagen stimmten im Übrigen in keinem einzigen Fall. Zwei Patienten hatte man in ihrer Jugend gesagt, sie würden (nur) siebenundfünfzig Jahre alt werden. Außer viel Angst und schweren Sorgen ab Mitte fünfzig hat ihnen das nichts gebracht, zumindest trat eine gewisse Erleichterung ein, als das aus der Luft gegriffene Datum dann problemlos überschritten war. Dem Freund, dem der inkompetente indische Handleser vierundachtzig Jahre bei guter Gesundheit voraussagte, hätte schon angesichts seiner vielen Leiden ein Licht aufgehen können, aber die Voraussage wiegte ihn in falscher Sicherheit. Er tat nichts für seine Gesundheit; im Gegenteil, er ernährte sich falsch und bewegte sich kaum. Als er Schlaganfälle bekam, war es schon zu spät, und der Tod mit Anfang sechzig war wohl eine Erlösung und eine einerseits zu frühe und andererseits zu späte Ent*täuschung*.

Eine gute Übung, um ein Gefühl für das Alter und auch das eigene Altern zu bekommen, ist ein Gespräch mit einem uralten Menschen – und es muss weder ein hundertjähriger Indianerhäuptling noch ein chinesischer Meister noch ein indischer Avatar sein, sondern es ist möglicherweise und viel naheliegender jemand im Altersheim um die Ecke. Auch das Gespräch mit dem ältesten noch lebenden eigenen Verwandten verdiente einen Punkt auf der Liste. Einen »Listenplatz« einräumen könnten wir ebenso einer Unterhaltung in Gedanken, das heißt auf der inneren Seelen-Bilder-Ebene, mit dem ältesten Verwandten, dem man in der Kindheit noch persönlich begegnet ist, vielleicht mit der längst verstorbenen Urgroßmutter. Wer dabei stets den ersten aufsteigenden

Gedanken wahr- und wichtig nimmt, bekommt verblüffend ehrliche und klare Antworten aus tiefster Seelenebene. Natürlich ist es auch möglich, ein solches inneres Gespräch mit uns lange vorausgegangenen Personen der eigenen Ahnenreihe zu führen. Wir wissen meist viel mehr von unseren Vorfahren, als wir *ahnen* und uns eingestehen. Wir sind außerdem immer mit ihnen verbunden, was sich sowohl im Rahmen der Reinkarnationstherapie als auch beim Familienstellen offenbart.

Manche Indianervölker gehen davon aus, dass hinter unserer linken Schulter die weiblichen und hinter unserer rechten die männlichen Ahnen stehen und hoffen, dass wir die anstehenden Aufgaben und Familienthemen für die ganze Ahnenreihe lösen. Es sollte also genug Gesprächsstoff geben. Wer sich auf den Gedanken einlässt, noch unglaublich viel (Zeit) vor sich zu haben, kann sich allein dadurch vom Abenteuer Leben inspirieren lassen.

Lebensprinzip: Saturn (die Alten und Ahnen).

Eine Nacht in Freiheit im Freien

Wenn einem in einer lauen Sommernacht die Decke auf den Kopf zu fallen droht, wenn sich ein enger werdender Ring um die Brust bemerkbar macht, der richtig einschnürt, ist vielleicht der Moment gekommen, einen symbolischen Schritt in die Freiheit zu wagen und eine Nacht unter freiem Himmel zu schlafen. Diese Unternehmung klingt aufwendiger, als sie ist – vor allem, wenn wir dafür unseren Garten oder den von Freunden nutzen, und das Ganze vielleicht noch im Schutz einer Terrasse tun. Wir brauchen dann wirklich nur eine Luftmatratze und einen Schlafsack. Natürlich kommt mehr dazu, wenn wir das in der freien Natur, möglicherweise sogar in der Wildnis wagen und uns Mutter Erde anvertrauen. Dann bringt es natürlich auch noch mehr (Erfahrungen).

Aber allein schon zu den Sternen aufzuschauen und die Gedanken davonfliegen zu lassen, sich vom Mantel der Nacht umhüllt zu fühlen und sich (ihr) einfach anzuvertrauen – all das wird eine beeindruckende und vielleicht noch unbekannte Freiheit schenken, die möglicherweise zuerst die Angst sogar schürt, bis diese sich in der Weite unserer mutigen Entscheidung davonmacht. Wir werden anfangen, freier zu atmen und die Geborgenheit zu spüren, die Mutter Natur vermittelt und die vielleicht nach mehr verlangt. Wir könnten dann erleben, wie sehr und wie weit wir selbst Natur sind und wie stark die eigene innere Natur nach Weite und Offenheit verlangt und sich danach sehnt – statt nach Fernsehabenden, die letztlich nur Enge und Bedrückung fördern.

Lebensprinzip: Uranus (Freiheit unter dem Sternenhimmel).

Den Sonnenaufgang auf einem Berg erleben

Es kostet sicher Überwindung, freiwillig mitten in der Nacht aufzustehen und sich für eine Bergwanderung zu rüsten, aber wir werden es sicher nicht bereuen. Es ist nur die Zeit des Sonnenaufgangs beim Wetteramt zu erfragen und so zu planen, dass wir kurz vor Sonnenaufgang oben sind. Die Höhe des Berges ist nicht entscheidend, aber wenn wir eine, vielleicht sogar zwei Stunden (auf-)steigen müssen, ist das ein gutes, im wahrsten Sinne des

Wortes erhebendes Vorprogramm. Eine Stirnlampe mag etwaige Ängste besänftigen; notwendig ist sie meist nicht, da die Nacht nicht so schwarz wie befürchtet ist und schon bald Aurora, die Morgendämmerung, uns umhüllt. Rasch ist man warmgelaufen und im eigenen Tempo und vor allem im eigenen Rhythmus angekommen. Ideal wäre, von innen heraus gewärmt, Schritt für Schritt dem Ziel näher zu kommen, ohne atemlos zu werden.

Jede Bergtour ist ein Abbild der Lebensreise. Aufsteigen ist generell etwas Positives und schafft ein gutes Gefühl, was wohl zum neuen Boom der Bergtouren beiträgt. Wir wollen in aller Regel hoch hinaus und vorwärtskommen und uns dem Zentrum unserer Möglichkeiten nähern, wie es der Gipfel abbildet, wenn wir den Berg als Mandala sehen.

Wenn wir schließlich am höchsten Punkt angekommen sind, befinden wir uns auch mehr in unserer Mitte, bereits eine Stunde stetigen (Auf-)Steigens sorgt dafür. Wenn wir dann den Rucksack mit der auf Bergtouren immer wichtigen Ersatz- und Regenkleidung ablegen, wird möglicherweise mit dieser Last auch symbolisch etwas von der Schwere unserer Existenz von uns abfallen, sodass wir schon eine Vorstufe der Befreiung erleben. Nun wäre es gut, sich von dem durchgeschwitzten Hemd zu befreien und ein frisches anzuziehen, sodass wir uns gewärmt und geborgen in uns selbst fühlen. Ein einfaches T-Shirt ist jetzt ein herzerwärmendes Geschenk.

Schön ist es, die letzten Minuten vor Sonnenaufgang in Meditation zu verbringen, vielleicht in bewegter Form beim Tai-Chi oder beim Sonnengebet des Yoga, der aufgehenden Sonne zugewandt. Die Nähe des großen Lichtes dieser Welt wird zu spüren sein, wenn die ersten Strahlen über den Horizont blitzen. Wir können nun auch innerlich spüren, wie die Sonne aufgeht, die eigene Sonne in uns, und wie ihre Strahlen uns berühren, äußerlich auf dem Gesicht und innerlich im Herzen. Das ist der einzige Moment der Atemlosigkeit auf solch einer Tour. Das verdiente Erlebnis des Sonnenaufgangs ist atemberaubend, weil es uns ein Stück entrückt aus der polaren Welt der Gegensätze und uns der Einheit – symbolisiert in der Sonne – näherbringt. Und vielleicht werden wir Goethes Erkenntnis nachfühlen können: »Wär nicht das Auge sonnenhaft, die Sonne könnt es nie erblicken.« Tatsächlich bildet sich das Sonnenprinzip in unserem Körper im Auge und im Herzen ab.

Wenn die Natur um uns herum im Sonnenaufgang erwacht, wird die Möglichkeit und vielleicht die Gewissheit des Erwachens auch in unserer Natur deutlich, und wir mögen spüren, was für eine entscheidende Option Erwachen ist, um als Erwachte(r) weiterzuleben.

Der Abstieg im Morgenlicht wird ebenfalls zu einer schönen Erfahrung und könnte dem Rückweg im Lebensmandala – was der zweiten Lebenshälfte entspricht – genossen werden. So helfen frühmorgendliche Bergtouren, uns in der Gewissheit des Lebensmusters zu verankern. Und das besonders Angenehme dabei ist: Der Tag als Symbol des Lebens liegt noch vor uns, und wir kommen vielleicht gerade rechtzeitig zum Frühstück wieder zurück.

Lebensprinzip: Sonne (Mitte des Lebensmandalas).

Einfach mal abhauen ohne Ziel

Fast alle umgibt inzwischen ein engmaschiges Netz von Verpflichtungen – selbst Jugendliche führen schon eine Agenda und manche Kinder sogar. Oft ist dieses Netz so dicht gewirkt, dass wir glauben, ihm nicht mehr entkommen zu können. Mehr als nur ein symbolischer Schritt in die Freiheit wäre eine Reise ohne Plan. Schon Walt Disney sagte: »Es ist eine Art Spaß, das Unmögliche zu tun.«

Das könnte heißen, seine *Sieben*sachen zu packen, ohne vorher zu wissen, wohin die Reise geht, ab zum Flughafen und beim ersten günstigen Ticket zugreifen. Natürlich bringt das Spannung ins Leben. Was könnte auf so einer Reise nicht alles passieren, was ließe sich nicht alles erleben! Ich erinnere mich gut daran, wie ich mich in jungen Jahren beim Trampen fühlte. Nicht zu wissen, wann man bis wohin mitgenommen wird, ist wie ein Lebenselixier. »Nix is fix«, singt Rainhard Fendrich, und das könnte wieder Musik in unsere Adern und das ganze Leben bringen. Das Gefühl, ein Tramp zu sein, ist gratis zu haben und vielleicht ganz neu und belebend. Möglicherweise fühlen wir uns wie neugeboren oder wenigstens deutlich verjüngt.

Wer mit jugendlicher Kraft das Leben als Abenteuerreise angeht, wer sich einfach treiben lässt und die günstigste Flugverbindung mit der weitesten Strecke nimmt, wird heutzutage für einen vergleichsweise geringen Betrag sehr *weit kommen*. Und wir wollen es heute doch fast alle weit bringen. Hinzu kommt das Akzeptieren der Unsicherheit. Sie wandelt sich von der angstmachenden Beigabe zum Leben zum bereichernden Geschenk und kann der

Kreativität und Entwicklung auf die Sprünge helfen. Und natürlich wird bei solch einer spontanen Tour der Möglichkeiten das Uranusprinzip auf seine Kosten kommen, dem alles Überraschende und Unerwartete gefällt. Selbstverständlich wird man auf diesem Weg neue Leute kennenlernen und Erfahrungen machen und sich unerwartete Möglichkeiten erschließen.

Ich bin dann mal weg, schrieb Hape Kerkeling, aber das ist eine etwas andere Geschichte, nämlich eine Pilgerreise (siehe auch die große Auswahl zu diesem Thema ab Seite 176).

Lebensprinzip: Uranus (Überraschungen, alles andere als festgelegt sein).

Den Würfeln folgen, wie sie fallen

Das »Dein Wille geschehe« aus dem *Vaterunser* lässt sich leicht zur Übung machen, indem wir dem Schicksal in Form eines Würfels die Entscheidung übergeben, was unser nächster Schritt sei. Die Spielregeln sind wirklich einfach: Man gebe sich im Multiple-Choice-Stil jeweils sechs Möglichkeiten vor – am besten schriftlich –, darunter auch eine sehr oder sogar ganz und gar verrückte, etwa nach folgender Art oder Überschrift: 1. Was alle von mir erwarten; 2. Was ich selbst von mir erwarte; 3. Was mein(e) Partner(in) von mir erwartet; 4. Was niemand von mir erwartet; 5. Was mir gerade jetzt spontan einfällt; 6. Etwas Außergewöhnliches, Verrücktes.

Wichtig ist, sofort nach dem Ausformulieren und Notieren der Optionen den Würfel entscheiden zu lassen und sich dem zugefallenen Zufall überlassen. Es liegt eine ungeheure Faszination darin, dem Schicksal als dem geschickten Heil (lat. *sal*) folgen zu lernen und ihm den jeweils nächsten Schritt bestimmen zu lassen. Luke Rhinehart hat dazu vor Jahrzehnten *The Dice Man* geschrieben (*Der Würfler*). Man braucht auch viel Mut, denn dieses Würfeln hat es in sich. Aber solch eine freie Etappe der (Lebens-)Reise bekommt automatisch etwas Anmachendes, im Sinne von Anschalten. Wir werden sofort (wieder) ganz wach sein wie früher einmal oder vielleicht auch erstmals. Dann ist es natürlich noch wichtiger. Es könnte uns der Erkenntnis nahebringen, dass Zufall ist, was uns gesetzmäßig zufällt nach unserer jeweiligen Resonanz. Schon frühere Generationen haben sich von solch mutigen und anmachenden Zaubersprüchen bewegen lassen. So hieß es einmal: »*Turn on, tune in, drop out*«, auch wenn es zu jener Zeit der Aufruf vor allem zu inneren Reisen und zum Ausstieg aus der bürgerlichen Welt war, der hier immerhin von einem ehemaligen Harvard-Professor formuliert wurde, Timothy Leary, der seinen Hinauswurf aus der Universität als Steilvorlage zum Ausstieg nutzte.

Lebensprinzip: Uranus (die Würfel fallen lassen, dem »Zufall« folgen).

Das Sabbatical

Richtig zur Sache mit »Diese Freiheit nehm ich mir …« geht es, wenn wir uns ein Sabbatical gönnen. Damit ist ein ganzes Jahr Auszeit gemeint: Zeit für sich selbst. Die Jesuiten kennen diesen Brauch, sich ein freies Jahr nach ihrer Ausbildung zu genehmigen.

Dadurch haben wir im Westen Zugang zur Zen-Tradition bekommen, denn es waren Jesuiten, die für ein Jahr gen Osten nach Japan zogen, dort bei Zen-Meistern saßen und so auf den Zen-Weg kamen. Nicht selten wird aus solch einem Jahr dann ein ganzes Leben und ein neuer Weg (zu sich selbst).

Ich kann natürlich auch klein anfangen und erst einmal üben, mir einen Tag frei zu nehmen, der nur mir gehört, was schon etwas Mut verlangt, wenn man sehr eingebunden ist. Hier drängt sich natürlich der Samstag, der klassische Sabbat oder *Satur(n)*day auf.

Mein eigener Plan eines Sabbatical war zum Scheitern verurteilt, ich arbeitete fast so viel wie üblich, verdiente nur viel weniger. Als ideal hat sich für mich der Kompromiss erwiesen, mich für drei Monate im Jahr von Verpflichtungen freizumachen – selbst der Steuerberater hat ausnahmsweise nichts dagegen, sondern findet es sogar empfehlenswert. Ein Vierteljahr ohne Agenda und sogar ohne Uhr, frei von den üblichen Zwängen genieße ich als wundervolles Geschenk, das mich in den drei verbleibenden Jahresvierteln bereitwillig auf viel Freiheit verzichten und konsequent arbeiten lässt. So schön ich mein Leben empfinde, ist es doch zu Dreivierteln von einer strikten und effizienten Agenda beherrscht.

Es ist tatsächlich ein wundervoller, mit dem normalen Leben gut vereinbarer Plan, sich einen Tag in der Woche für sich selbst zu nehmen. Wenn wir das Selbst dabei großschreiben, entspricht das genau der alten jüdischen Sabbat-Idee. Einen Tag ausruhen, ganz frei machen und dem Dienst an Gott, dem Gottesdienst, widmen. Nehmen wir die christliche Erkenntnis hinzu, dass das Himmelreich Gottes in uns liegt, steht einem von höchster Stelle abgesegneten und abgesicherten Tag für die eigene Entwicklung nichts mehr im Wege.

Ein Wochenende im Monat ist von vieren auch nicht zu viel verlangt, selbst für Familien-Leittiere. Eine Woche im Vierteljahr ist auch noch gut vertretbar, und ein Monat im Jahr entspricht demselben Schlüssel und dem üblichen Jahresurlaub. Einen ganzen Monat allerdings für sich selbst zu nehmen, wird schon die meisten Eltern überfordern. Aber es gibt natürlich auch die Zeit, nachdem die Kinder flügge geworden sind. Sie ließe sich statt mit dem Leere-Nest-Syndrom, einer modernen Variante der Depression, mit dem Genuss der neuen Freiheit verbringen.

Sich und der eigenen Entwicklung ein Jahr pro Lebenshälfte zu schenken und vor allem zu gönnen, ist eine große Herausforderung, die Großes bewirken kann. Daraus könnte folgen, das ganze Leben zu etwas Neuem, Herausforderndem werden zu lassen.

Lebensprinzip: Saturn (die Zeit, die ich mir nehme).

Etwas machen, das sich nicht auszahlt

Allein der Gedanke, etwas zu tun, das sich materiell nicht auszahlt, ist heute für viele systemsprengend. Doch in Wahrheit verhindert die Einstellung, dass alles sich immer auf Heller und Pfennig lohnen muss, viel Wundervolles. Wenn Geld immer Geld verdienen muss, wird es nie etwas wirklich Sinn- und Freudvolles erschaffen. Das Heil-Kunde-Zentrum in Johanniskirchen oder erst recht unser Seminarzentrum TamanGa hätte unter rein finanziellen Gesichtspunkten niemals gebaut werden dürfen, aber Ersteres hat schon so vielen so viel Gutes, vor allem Entwicklung gebracht, und Letzteres wird das hoffentlich auch noch tun; wir rechnen einfach anders.

Glücklich macht uns nach Erkenntnissen der Glücksforschung, wenn wir Neues lernen. Erfolgreicher macht uns dagegen, wenn wir ständig wiederholen, was wir schon können, und es weiter verbessern. Die gute Nachricht ist, wir können und dürfen beides.

Wenn wir etwas für uns Verrücktes lernen, etwa ein Musikinstrument zu spielen, obwohl wir gar nicht besonders musikalisch sind, wird das finanziell nicht reich(er) machen, aber die Seele be*reich*ern, einfach weil lernen immer glücklich macht. Also wäre der Listenvorschlag, etwas zu tun, das (materiell) nichts bringen muss, aber glücklich macht, etwas, das ruhig im Gegenteil etwas kosten darf und auf andere Art bereichert.

Lebensprinzip: Neptun (Träume leben).

Die Liebe befreien

Unsere ersten Erlebnisse in der Erotik und Sexualität waren sicher originell und deshalb so spannend. Wir hatten einfach keine Erfahrungen, und die Aufklärung war bestenfalls verklärend, im schlechtesten Fall abschreckend und warnend, jedenfalls kaum hilfreich. Wir haben das mehrheitlich auf die Reihe bekommen, haben Erfahrungen gesammelt und Routine erworben, und das ist schon der Anfang vom Ende und der Beginn des Elends. Feste Gewohnheiten bringen die Liebe um. Langsam, Schritt für Schritt, und ohne es so richtig zu bemerken, wird aus Liebe Gewohnheit.

Nun gibt es einen einfachen Ausweg: Ich lade einen geliebten Menschen in meine geheimsten Träume ein und lebe sie mit ihm aus – in der Seelen-Bilder-Welt oder sogar konkret, und wir zelebrieren Erotik so intensiv und offen wie nie zuvor. Lassen wir uns also auf unsere (gemeinsamen) Fantasien ein, auch auf die gewagtesten, ohne zu wissen, wohin diese Reise uns führt. Wenn ich meinen Partner in meine geheimsten Gelüste einweihe und mitnehme, wird er Mut fassen und mich auch in seine Geheimkammern der Liebe mitnehmen.

Wir alle haben geheime Wünsche, die mit ihrer Befreiung aus den Schattenverliesen eine enorme Spannung entfalten. Dazu brauchen wir gar keinen »Redroom« wie in *Fifty Shades of Grey*, da reichen die Räume der eigenen Fantasie. Abgesehen davon lassen sich Schlafzimmer, die zu Grabkammern der Liebe geworden sind, auch (wieder) in Liebesnester verwandeln.

Wieso traue ich mich eigentlich nicht etwas, das mich schon lange reizt, das ich aber noch nie gewagt habe? Was gibt es da schon zu verlieren? Wer in der Routine gelandet ist, hat bereits alles verloren, was die Liebe und ihre vielen Spiel*art*en zu bieten haben. Vielleicht habe ich Lust, in eine Bar zu gehen, wo attraktive Männer auf Tischen tanzen, oder in einen Swinger-Club, oder ich schaue mir auch nur einen Sexfilm mit meinem Partner an. All das und mehr kann man schon einmal in Gedanken tun, aber natürlich auch in Wirklichkeit. Immerhin lässt Gott solche Möglichkeiten in seiner Schöpfung zu – das allein spricht schon dafür, dass er prinzipiell nichts dagegen hat.

Vielleicht mache ich auch einmal ein ehrliches großes Kompliment und sage jemandem, den ich nicht kenne, wie wunderschön ich ihn oder sie finde. Wir brauchen keine Angst zu haben, Empfindungen auszusprechen, denn Ehrlichkeit ist im wahrsten Sinne des Wortes entwaffnend. Vielleicht mache ich dieses besondere Kompliment auch jemandem, den ich schon lange kenne, dem ich aber noch nie gesagt habe, wie großartig ich ihn oder sie finde. Was kann schon passieren?

Lebensprinzip: Venus (natürlich die Liebe), Uranus (alles Unerwartete, Ungewöhnliche und Originelle).

Romantik wiederentdecken

»Romantik ist die Stifterin und Retterin der Liebe«, lautet ein altes, scheinbar in Vergessenheit geratenes Sprichwort. Ob es nun an dieser schnelllebigen Zeit oder an unserer verkopften Lebensweise liegt, das Gegenteil gilt ebenso: Fehlt die Romantik, ist die Liebe dahin. Am Anfang der Liebe baden wir geradezu in romantischen Gefühlen, später wird die Temperatur dieses Bades lau und kühlt zunehmend ab.

Vielleicht ist es Zeit für neue, die Romantik wieder belebende Ideen, zum Beispiel im Mondlicht schwimmen gehen, warum nicht auch nackt, und die Magie solcher Momente inniger Gemeinsamkeit außerhalb des »normalen« Alltags genießen. Romantik macht etwas mit dem Augenblick, taucht ihn in eine besondere Zeitqualität, aber umgekehrt machen auch besondere Umstände und Zeiten etwas und lassen Romantik entstehen oder wieder aufleben.

Inzwischen gibt es eine wissenschaftlich gut belegte Flirt- und sogar Liebesschule. In *Mythos Erotik* habe ich sie skizziert und viele Anregungen zum spannenden Thema Erotik zusammengetragen. Unternehmen wir also Dinge, die Herzklopfen mit sich bringen, und schon werden sich erotisch-romantische Erfahrungen mit Herzklopfen ergeben. Auf einer Kreuzfahrt zu neuen Ufern wird es eher zu prickelnden Überraschungen und Herzklopf-Erfahrungen kommen als im immer gleichen Liegestuhl am immer gleichen Strand.

Lebensprinzip: Venus (Liebe, erotisch-romantische Stunden).

Den eigenen Liebesgott, die eigene Liebesgöttin erstehen lassen

In Zeiten des Alleinseins, der Schwierigkeiten in der Partnerschaft oder der Pubertät noch ohne Partner, aber schon mit viel Erwartung und Angst, ist die innere Welt eine wundervolle Ergänzung der äußeren, gerade nicht so günstig gestimmten. Mir hatte die Scheidungssituation meiner Mutter das Jugendamt ins Leben gebracht, und das suchte eine Lehrerin aus, die ein Auge auf mich haben sollte. Und diese warf dann wirklich ein Auge auf mich, brachte mir die Liebe nahe und mir meine Fantasien noch näher. Mit der Zeit entwickelte sich in mir meine ganz persönliche Liebeslehrerin, meine Liebesgöttin, die noch weiter mit mir gehen konnte und wollte und mir so vieles so schön beibrachte, dass ich ihr bis heute dankbar bin. Es entstand eine so starke Resonanz zu dieser Göttin in meiner Seelen-Bilder-Welt, dass ich viel später tatsächlich einmal einer Frau begegnete, die der Liebesgöttin meiner Fantasie äußerlich sehr weitgehend entsprach.

Die *Liste vor der Kiste* könnte dazu anregen, sich solch eine Liebesgöttin bewusst zu schaffen, oder einen Gott; die dadurch entstehende Resonanz macht deren Auftauchen in der äußeren realen Welt wahrscheinlicher. Natürlich lässt sich das auf alle anderen Themen und Lehrer(innen) ausweiten. Wer nie den Mentor hatte, der jedem jungen Menschen guttut, um ihm auf die Sprünge zu helfen, kann ihn in der inneren Welt immer finden beziehungsweise erschaffen. Es ist lediglich eine Sache, sich dafür zu entscheiden. Die Helfer und Hilfen von der anderen Seite sind vielfältig und reichen vom Schutzengel über die Liebeslehrerin zum Mentor und Gönner.

Lebensprinzip: Venus (Liebesschule).

Wie Phönix aus der Asche – das Gute vom Schlechten

Es gibt Zeiten, in denen man sich besonders allein und weit weg von aller Liebe fühlt, und doch bieten gerade diese Phasen große Chancen. Malcolm Gladwell zeigt in (s)einem Buch *David und Goliath*, dass Situationen der Schwäche und scheinbare Benachteiligungen durchaus große Vorteile haben. Es ist entsetzlich, frühzeitig einen Elternteil zu verlieren, aber dadurch bekommen Betroffene auch die Wahl, die furchtbare Erfahrung in eine fruchtbare zu wandeln und nun erst recht etwas aus sich zu machen, statt sich unterkriegen zu lassen. In diesem Zusammenhang ist interessant zu wissen, dass uneheliche Söhne zu den erfolgreichsten Männern werden, wohl einfach weil sie ihren Vätern zeigen wollen, was die an ihnen versäumt haben.

Gladwell beschreibt eindrucksvoll, wie der kleine, schwache David eigentlich immer der Stärkere war, weil er die Bedingungen zu seinen Gunsten verändern konnte, während der große, starke Goliath in seinen Vorstellungen gefangen blieb. So konnte er seine überlegenen Waffen gar nicht zum Einsatz bringen, weil Davids Stein ihn sofort ausschaltete.

Gladwells Ansatz leuchtete mir sofort ein, denn persönlich habe ich das ganz ähnlich erlebt. Mir ging es nach der Scheidung meiner Eltern, die obendrein mit einem Umzug von Berlin nach Bayern verbunden war und dafür sorgte, dass ich vom Klassensprecher zum »Saupreiß« abstürzte, miserabel. Hinzu kam der Wechsel von der Großstadt aufs Land und aus der Kindheit in die Pubertät. Ich fühlte mich entwurzelt und verloren, geradezu verzweifelt. Die Mutter, mein bisheriger Halt, war aufseiten des – in meinen Augen – entsetzlichen, schlagende Argumente durch Schläge ersetzenden Stiefvaters. Aber statt unterzugehen, machte ich mich auf, das Fürchten zu lernen, und dafür gaben er und die Situation wirklich etwas her. Ich wusste, dass nach einem gewonnenen Schach- oder Tischtennismatch – worüber ich bald bewusst entscheiden konnte –, es die Revanche als Prügel gab, oder er kommandierte mich an den spannendsten Stellen von Filmen zum Whiskeymischen in die Küche ab. Aber ich wusste, den Film würde ich trotzdem besser verstehen als er. Ich konnte die fehlenden Stellen mit meiner Fantasie füllen und lernte, Fernseher mit wenigen Handgriffen zu sabotieren. Beim Waschen seines Autos, was ich anfänglich hasste, merkte ich, wie leicht ich mich mit meinen Gedanken davonmachen und mir ein ganz anderes Leben in der Fantasie ausmalen konnte. Außerdem erlebte ich, wie nachteilig es ist, sein Herz an Blech zu hängen. Denn über Kratzer konnte ich seine Stimmung beliebig steuern. *An seinem Lack zu kratzen* war wirklich keine Kunst. Seine Stimmung war abhängig vom Zustand seines Autobleches. Er liebte seine Isabella von Borgward, der längst untergegangenen Autofirma, mehr als alles andere. Das sollte mir nie passieren. Viel später bestätigte mir die buddhistische Lehre die Probleme, die sich aus dem Anhaften an Materie ergeben. Damals lernte ich auch Mitgefühl. Er tat mir mit der Zeit richtig leid mit seinem Leid an Kratzern, sodass ich dazu überging, Kratzer mit Lackstift zu beseitigen, statt an seinem dünnen Lack zu kratzen.

Ein Pfarrer half mir, die Arroganz zu erkennen, die ich entwickelte, während ich meinen Stiefvater durchschauen und beherrschen lernte. Der Geistliche hatte mich beeindruckt, als er sich entschuldigte, mir eine Fünf in Religion geben zu müssen, weil ich das Auswendiglernen von Versen verweigerte. Er stand dazu, dass er Auswendiglernen auch nicht für sinnvoll im Sinne von Religion erachtete, und erklärte mir die Macht des Systems, in dem er steckte. Im nächsten Jahr gab er mir trotzdem wieder eine Eins und setzte sich über »das System« hinweg. Ich mochte seine A(uto)r(itä)t und lernte wieder Verse. Und er lehrte mich, Intelligenz als Verantwortung zu sehen und als Gefahrenquelle für Arroganz. So konnte ich aus dem, oberflächlich betrachtet, Elend meiner Situation viel lernen und wichtige Verbündete für meinen Entwicklungsweg finden wie diesen Pfarrer.

Es wäre also lohnend für die eigene Liste herauszufinden, wo scheinbare Unglücksfälle und Benachteiligungen einen in Wahrheit profitieren ließen und Entwicklungsschübe ermöglichten. Daraus können sich Impulse von Verzeihen und Vergeben entwickeln und eine ideale Vorbereitung auf die Er-Lösung am Ende, die für die Mehrheit Katastrophe, für einige aber auch zur großen Chance wird.

Lebensprinzip: Pluto (Momente der Wandlung, Schattenprinzip durchschauen lernen).

Das Gewohnte umstellen

Wenn wir unseren gewohnten Tagesablauf auf den Kopf stellen, wird es sofort wieder lebendig im Leben. Einfach mal essen, wie es uns gefällt, wann es uns passt und was wir wollen, mit dem Nachtisch anfangen, die Suppe zum Schluss löffeln. Schlafen, wie es dem augenblicklichen Bedürfnis entspricht, so viel und so wenig, wie man mag, und wann man will. Sich einfach frei von all den gewohnten Ketten des Alltags machen, auf die Uhr verzichten und weder andere noch sich selbst danach fragen, wie spät es ist. Zeit zum Schlafen ist, wenn wir müde sind, und zum Essen, wenn wir Hunger haben. Machen wir selbst uns also zum Maß unseres Lebens, und spüren wir, wie es sich anfühlt. Ein möglicher wichtiger Punkt auf der Liste heißt somit, den eigenen Körper erleben und seinem Rhythmus folgen. Anschließend stellt sich die Frage, ob es wirklich der eigene Rhythmus ist, oder ob wir nicht mehr sind als der Körper. Also folgen wir einen weiteren Tag lang den Bedürfnissen der eigenen Seele genauso konsequent: tun, wonach ihr ist und worauf sie Lust hat – nur noch beschränkt von den Gesetzen des menschlichen Zusammenlebens.

Dann heißt es, die beiden Tage zu vergleichen; vielleicht wird klarer, ob wir uns als Körper- oder als Seelenwesen besser gespürt und gefühlt haben. Und dann die erleichternde Erkenntnis, dass wir beides sind und sein dürfen.

Lebensprinzip: Uranus (Abwechslung ins Spiel des eigenen Lebens bringen).

Eine Woche lang vegan essen

Angeleitet durch ein Buch wie *Vegan für Einsteiger* gelingt es sehr leicht, sich einmal eine Woche lang strikt vegan zu ernähren, im Sinne von pflanzlich-vollwertig, wie es den neuen wissenschaftlichen Erkenntnissen der Ernährungslehre entspricht. Sowohl vom Ernährungs- als auch vom Gesundheitsaspekt sind wir damit im Reich von Jungfrau-Merkur unterwegs und bekommen dazu noch die neben der Krankheitsbilder-Deutung effektivste Form der Vorbeugung geschenkt.

Wir sollten nur vollwertige Produkte verwenden und uns genau informieren, was zuträglich ist, denn auch das entspricht dem Jungfrau-Merkur-Prinzip, zu dem sowohl Gesundheit und Ernährung gehören als auch die Sorge ums leibliche und seelische Wohlergehen. Die Lektüre der *China-Study* wäre außerdem eine gute Grundlage – ebenso von *Peace Food*, das außerdem die seelischen Aspekte und Vorteile dieser Ernährungsform darlegt.

Wahrscheinlich werden wir schon bald spüren, wie uns diese Art der Kost weniger beschwert, uns Völlegefühl und Müdigkeit nach dem Essen erspart, und wir werden vielleicht schon in dieser ersten Woche mehr Lust auf Bewegung verspüren – und ihr hoffentlich auch nachkommen können, unserer Gesundheit zuliebe.

Nach dieser veganen Woche ist zu entscheiden, wie es weitergehen soll. Immerhin gibt es jetzt eine auf Erfahrung basierende Wahlmöglichkeit, und nach weiteren drei veganen Wochen, also einem veganen Monat, wäre der Organismus ganz umgestellt, und die Möglichkeit, ein anderer Mensch zu werden, tut sich auf. Rasch würde sich die Seele erholen, denn sie ahnt zumindest das mit normaler Mischkost verbundene Leid. Die Schwingungen der Qual und Angst, die in Fleischkost stecken, würden aus der Seele und dem eigenen Fleisch verschwinden, allein das befreit die Seele in erstaunlichem Maß. Die pflanzlich-vollwertige Kost verbessert auch rasch die Durchblutung. Wenn auf Milch(produkte) verzichtet wird, lässt obendrein die Verschleimung nach, und es entsteht ein anmachendes Lebensgefühl im eigenen Körperhaus. Wer gern darin wohnt und lebt, wird den zunehmenden Bewegungsdrang spüren und sich noch lieber auf den Weg machen, der leichter fällt und schönere Sinneserfahrungen schenkt, da die Sinnesorgane ebenfalls gesunden und ihre Leistung verbessern. Mein Optiker war fassungslos, wie rasch die Brillenstärke zu reduzieren war.

Vor allem aber wird das Wissen Erleichterung verschaffen, nicht mehr Teil jenes Systems zu sein, das Milliarden Tiere umbringt und vertreibt, um Nutztiere zu züchten, deren Fleisch uns so krank macht, dass Millionen Versuchstiere dran glauben müssen auf der Suche nach Medikamenten, die wir gar nicht bräuchten, wenn wir keine Tiere essen würden.

Das für mich schönste Geschenk auf lange Sicht ist die Erfahrung, dass Tiere die Angst vor uns verlieren, offenbar weil sie andere Schwingungen spüren. Wenn Schmetterlinge auf uns Platz nehmen und »wilde« Tiere ihre bisherige Scheu ablegen und sich beim Meditieren zu uns gesellen, ist das Gefühl unbeschreiblich wohltuend. Wir fühlen uns der Schöpfung nah und verbunden. So ein Wunder können wir uns nicht jederzeit, aber mit der Zeit allemal schenken. Und was die Lust auf Fleisch angeht, können wir sie in fleischliche Lust wandeln und auch dabei nur gewinnen.

Lebensprinzip: Jungfrau-Merkur (gesunde Ernährung, gesundes Leben).

Achtsamkeit

Achtsamkeit ist der Schlüssel zur Bewusstwerdung unseres Selbst, unserer Mitmenschen und unserer gesamten Umwelt. Es gibt nicht das eine bestimmte »Rezept« für Achtsamkeit, sondern viele Exerzitien, die darum kreisen und darauf hinauslaufen. Eigentlich bedarf es dafür nur des Mutes und der Offenheit, auf dem Boden ganz einfacher, ja banaler Übungen eine möglicherweise überwältigende Erfahrung zu machen.

Jederzeit und bei jeder Beschäftigung können wir anfangen, achtsam zu sein. Vielleicht mit einem Tag der Achtsamkeit, der, um es leichter zu machen, mit simplen Dingen gefüllt ist. Denn je einfacher die Verrichtungen sind, desto leichter gelingt es zu Beginn, wirklich dabeizubleiben. Das ist das Geheimnis der Benediktinerregel »*Ora et labora*« (»Bete und arbeite«). Bei einfachen Handarbeiten gelingt es am besten, völlig bewusst zu bleiben und die Arbeit wie ein Gebet zu verrichten, bis die Arbeit zum Gebet wird. Wie aufwendig das ist, mag der Versuch klarmachen, als Vorübung einmal ein Vaterunser zu beten, ohne dabei im Geringsten gedanklich abzuschweifen. Schon diese Übung erfordert eine gewisse Meisterschaft.

Ein berühmter Zen-Meister wurde einmal von seinen Anhängern um sein entscheidendes Geheimnis gebeten, und er sagte: »Das ist ganz einfach, wenn ich sitze, sitze ich, wenn ich aufstehe, stehe ich auf, und wenn ich gehe, gehe ich.« Die Schüler wandten ein, das könne nicht das Geheimnis sein, denn das täten sie auch. Der Meister entgegnete: »Das tut ihr keineswegs, wenn ihr sitzt, denkt ihr schon ans Aufstehen, beim Aufstehen ans Gehen und beim Gehen schon ans Essen. So seid ihr nie im Moment.«

Aus dem einen Tag der Achtsamkeit ließe sich natürlich auch wundervoll eine Woche machen. Fasten, das zum selben Saturnprinzip gehört, schafft dafür ideale Bedingungen. Wer aus einer Fastenwoche in den Alltag zurückkehrt, erlebt seine Sinne wacher und aufnahmefähiger als zuvor. Er nimmt alles wie durch ein Vergrößerungsglas wahr – und das hilft natürlich, allem und allen achtsam(er) zu begegnen.

Eine Minute totaler Achtsamkeit ist schon eine große Leistung, eine Stunde ein Riesenschritt, von einem ganzen Tag ganz zu schweigen, und natürlich wäre auch das schon erwähnte Schweigen eine große zusätzliche Erleichterung. Ein Wochenende der Achtsamkeit ist bereits ein Meisterstück, und schließlich mag auch eine Woche gelingen. Was aber eine Woche lang möglich ist, geht auch einen Monat und ein Jahr und ein Leben und so weiter. Solches Leben nennt man erleuchtet.

Lebensprinzip: Saturn (Achtsamkeit, Konzentration).

Loslassen

Loslassen ist zum Zauberwort geworden, weil wir so sehr am Gegenpol des Festhaltens kleben. Dabei zeigt alle Erfahrung, dass alles leichter wird, wenn wir loslassen. Am deutlichsten wird dies vielleicht bei der Angst. Nicht nur haben uns unsere Ängste im Griff, wir halten auch die Ängste fest, als hinge unser Leben davon ab. Dabei kann das Leben erst richtig beginnen, wenn wir die Ängste loslassen. Was soll uns schon passieren? Schlimmstenfalls verlieren wir das Leben, und das wird in jedem Fall geschehen. Ein wunderbarer Film zu diesem Thema ist *Die Bücherdiebin*, der die besondere Lebensgeschichte eines Mädchens aus der Perspektive des Todes erzählt.

Eine schöne Parabel zum Thema Loslassen bringt der Autor Richard Bach: Menschen haben sich gegen die starke Strömung eines Flusses am Ufer festgeklammert und kämpfen verbissen festhaltend um ihr Leben. Immer mal wieder treibt einer, der völlig entkräftet losgelassen hat, in Flussmitte an ihnen vorbei, und sie betrachten ihn fasziniert und rufen: »Ein Erleuchteter, ein Erleuchteter!«

In dreißig Jahren Therapie und Beratung konnte ich mich des Eindrucks nicht erwehren, dass uns das Schicksal weichkocht, bis wir loslassen. Dieses Sichhingeben und -anvertrauen kann zum einen aus bewusstem Loslassen geschehen. Am häufigsten habe ich es therapeutisch beim Verbundenen Atem erlebt. Es wird aber viel häufiger aus dem Nicht-mehr-anders-Können, jenem Nicht-mehr-ein-noch-aus-Wissen geschehen, weil die Lebensgeschichte dafür reif gemacht hat. Dann können Aufgeben und Loslassen zusammenfallen. So ist es wahrscheinlich einer der wichtigsten Punkte auf der Liste, vor allem auch als entscheidende Vorbereitung auf das große Loslassen am Ende des (Lebens-)Weges.

Übungen des Loslassens gibt es viele, ich habe einmal für jede Woche eine aufgeschrieben, und das Problem war nicht, zweiundfünfzig zu finden, sondern die Auswahl zu treffen. Der Tischaufsteller *Das Geheimnis des Loslassens* macht jede Woche mit einer neuen Loslass-Chance bekannt.

Damit sind wir im neptunischen Reich des letzten Lebensprinzips. Wer alles loslässt und sich von allen Strukturen löst, ist erlöst und frei wie der *Narr* im Tarot, der in dem mir vertrauten Kartensystem auch dessen letzte und höchste Stufe darstellt.

Lebensprinzip: Neptun (Loslassen und Hingabe an den Fluss des Lebens).

Aussöhnung mit dem Leben danach

Es dürfte ein wesentlicher Punkt der *Liste vor der Kiste* sein, sich mit der Vergangenheit auszusöhnen, um der Zukunft nach dem

Abschied gewachsen zu sein. Diese ist – zumindest nach einem anständigen Leben im Rahmen der eigenen Möglichkeiten – unglaublich viel schöner, als wir es uns meist vorstellen können.

Um eine Ahnung von der Dimension danach zu bekommen, gibt es heute neben den uralten Totenbüchern der Völker, die für uns schwierig zu lesen und zu verstehen sind, auch viele moderne Anregungen – angefangen bei dem Hollywoodfilm *Hinter dem Horizont* bis zu den wissenschaftlichen Arbeiten der Sterbeforscher Elisabeth Kübler-Ross und Raymond Moody. Einen faszinierenden neuen Zugang könnte *Blick in die Ewigkeit*, das Buch des US-Neurochirurgen Eben Alexander bieten. Darin beschreibt dieser ursprünglich kritische Intellekt-Mensch anrührend, was er in jenem Koma erlebte, in das ihn eine Meningitis im wahrsten Sinne des Wortes (ver-)führte, um ihn die alte Nachtmeerfahrt der Seele in einer modernen Klinik erleben zu lassen. Die Krankheit wurde so im besten Sinne zum Weg, und der Tod verlor für ihn all seinen Schrecken. Ähnlich beschreibt die US-Gehirnforscherin Jill Taylor in *Mit einem Schlag*, wie ihr Schlaganfall in jungen Jahren zum Führer durch die Welt des eigenen Gehirns wird, wie sie es auf diesem Weg tiefer versteht und besser kennenlernt, als sie es aus der Perspektive der Wissenschaftlerin wohl je geschafft hätte. Beider Bücher sind Zeugnisse vom Sterben mitten im Leben und können auf ihre je eigene Art Fragen beantworten und Angst nehmen.

Das Stirb-und-werde-Prinzip gehört zu Pluto-Hades, dem Herrn der Unterwelt und des Totenreiches, der auch für die radikale Wandlung steht, wie sie dem Neurochirurgen widerfahren ist, der schon so oft ins Gehirn geschnitten hatte, ohne dessen Geheimnis wirklich nahezukommen. Erst als Pluto das Steuer seiner Lebensbarke übernahm und ihn ins Totenreich blicken ließ, öffnete sich der Himmel und bewies sich ihm.

Lebensprinzip: Pluto (Auseinandersetzung mit Totenbüchern, Sterbeforschung und Nahtod-Berichten).

Der persönliche Kraftort

Die *Liste vor der Kiste* verhilft auf ihre eigene Art zu vielen neuen Eindrücken und Erkenntnissen, die gut spüren lassen, welche Aktivitäten und Menschen uns nähren – und wer oder was uns im Gegenteil nur Energie kostet. Wer jetzt noch lernt, diese besondere Kraft und Energie bewusst wahrzunehmen und ihren »Geschmack« zu erkennen, kann einen mächtigen Schutzschild um seine Seele legen, der hilft, viel von all dem Stress und Informationsmüll des modernen Alltags abzufangen und sogar zu neutralisieren. Auf den Geschmack kommen die meisten am besten in der freien Natur. Nehmen wir uns also bewusst Zeit, um herauszufinden, wo unter freiem Himmel wir uns am wohlsten fühlen, wo diese ganz besondere Schwingung uns erfüllt, die uns glücklich und stark macht. Dort ist folglich der persönliche »Ort der Kraft«, den wir eine Zeit lang regelmäßig aufsuchen sollten. Es tut gut, in seine Besonderheit, seine typische Stimmung einzutauchen. Am besten lassen wir seinen ganz speziellen Einfluss in Ruhe auf uns wirken – und nehmen anschließend diesen Eindruck und diese Energie mit in den Alltag, um uns davon nähren zu lassen.

*Natür*lich ist dieser Ort auch in der eigenen inneren Seelen-Bilder-Welt zu finden beziehungsweise auf einer »Reise nach innen« zu erschaffen. Manchmal ist es sogar der leichtere Weg, ihn erst im Inneren zu finden, denn dadurch entsteht jene Resonanz, die ihn auch im Außen gleichsam anlockt.

Selbst in der eigenen wie auch immer gestalteten Wohnung gibt es einen solchen Kraftort, und er kann außerdem geschaffen werden im Sinne eines Meditationsplatzes oder einer Art Hausaltar mit einer Sammlung uns wichtiger Symbole.

Lebensprinzip: Stier-Venus (Orte der Kraft schaffen).

Einen reinen Kanal erleben

Wer bereits Erfahrungen mit Fasten, veganer Ernährung und der Technik des Verbundenem Atems gemacht hat, wird seinen Körper sehr viel intensiver spüren und ein Gefühl dafür entwickeln, wie sehr er das Haus ist, in dem die Seele lebt. Dann ist es nur noch ein kleiner Schritt, ihn auch als Gefäß zu erleben, um höhere Energien aufzunehmen – als idealen Transformator, um göttliche Energie in eigene zu (ver-)wandeln. Es könnte vor diesem Hintergrund bereichernd und einen Punkt auf der *Liste vor der Kiste* wert sein, einmal einen Menschen aufzusuchen, der sich schon länger und bewusst zum Kanal göttlicher Energie entwickeln konnte. Es gibt solche Menschen, neudeutsch Channel (engl. »Kanal«), über die man sich mit einer höheren Ebene verbinden kann. Sie sind seltener, als es die Esoterikszene vermittelt, aber es gibt sie. Immerhin sind das Johannesevangelium und der Koran »gechannelt«, und auch Richard Bach hat angedeutet, seinen Bestseller *Die Möwe Jonathan* mehr empfangen als geschrieben zu haben. Manchmal sind diese Menschen auch gleichsam getarnt, weil sich ihr »Draht nach oben« erst allmählich gebildet hat. Wenn Bert Hellinger heute von »medialem Familienstellen« spricht, liegt die Annahme nahe, dass er bereits in der Vergangenheit mediale Eingebungen in sein Spontanritual der Aufstellung einfließen ließ. Seine ganze Entwicklung von anfangs großer Reserve gegenüber allem Spirituellen zur mich heute beeindruckenden Offenheit dafür legt diesen Schluss nahe. Er wird zu einem Kanal für eine Weisheit, die ihm zukommt und -steht und bei mir gut ankommt.

Letztlich sind wir alle Empfänger göttlicher Kraft; wir haben meist nur verlernt, sie wahr- und wichtig zu nehmen. Deshalb kann ein Medium, ein Geistheiler – oder wie immer wir sie nennen wollen – möglicherweise dabei helfen, unseren eigenen Kanal mehr zu öffnen. Das ist besonders leicht möglich, wenn wir uns durch klare Lebensweise und Ernährung oder auch Fasten gereinigt und vorbereitet haben.

Lebensprinzip: Neptun (Meta-Physik, Medialität).

Aus dem Schatten treten

Jemand gibt sich in einer Casting-Show der Lächerlichkeit preis. Das Publikum schaut zu und amüsiert sich königlich. Warum nur machen sich manche Leute aus freien Stücken zum Gespött? Offenbar muss so einem Auftritt eine starke Energie innewohnen. Die Form des Mandalas kann es erklären: Im Zentrum herrscht immer die stärkste Energie. Wer im Mittelpunkt der Aufmerksamkeit steht, etwa auf einer (Musik-)Bühne, kennt und erlebt diese Energie. Angetrieben vom Ego und auf der Suche nach Beachtung streben viele Menschen heute in den Mittelpunkt, das heißt zum Beispiel auch ins Rampenlicht einer Show.

Vom Mittelpunkt geht enorm starke Anziehung aus. Diese Sehnsucht, einmal im Mittelpunkt (des Interesses) zu stehen, sogar eine »Rampensau« zu sein, auf die sich alle Aufmerksamkeit konzentriert und die andere unwiderstehlich mit sich reißt, kann auf der unerlösten Seite im Extremfall bis zu einem Amoklauf oder zu einer anderen Gewalttat führen. Manche leiden wohl auch daran, dass ihnen ständig jemand zuschaut in Sinne von Kontrolle, aber niemand wirklich Notiz von ihnen nimmt. Insofern erfüllen Casting-Shows sogar noch eine sinnvolle Funktion.

Abgesehen davon gibt es eine Menge von Möglichkeiten, einmal in positiver Weise aus dem Schatten zu treten, etwa bei Aufsehen erregenden gemeinnützigen Aktionen, zum Beispiel in der eigenen Straße einen Tag lang Abfall aufsammeln oder putzen. Wir bekommen Aufmerksamkeit, und es geht um die Umwelt, um Vorbildfunktion, um eigene Demut und um Achtsamkeit. Wir können damit sogar eine kleine Bürgerinitiative starten und das Kommando übernehmen, die Aktion durchplanen, überlegen, wer was wo und wie viel macht. Auf diese Weise stehen wir bewusst und auf entwickeltere Art und (fast) *weise* im Mittelpunkt.

Lebensprinzip: Sonne (der große Auftritt).

Betteln gehen

Auf demütigende oder demütige Art andere um eine milde Gabe zu bitten, bringt mit den beiden Seiten des Bettelns in Kontakt. Nicht umsonst ist es eine zentrale Übung im Buddhismus für die Mönche. Auch im Christentum hatten die Bettelorden besonderen Stellenwert, geben sie doch auch den Gebern eine Möglichkeit, sich kennenzulernen.

Wer einem Bittenden, einem Bettler nichts gibt, wird er seine Hartherzigkeit oder seinen Geiz in der Regel zu rationalisieren versuchen nach dem Motto: »Die vertrinken ja sowieso alles.« Wenn man etwas gibt und sich dabei gut und erhoben, ja erhaben fühlt, muss man auch das im Hinblick auf sein Ego verantworten. Wer gibt, damit ihm in entsprechenden Situationen ebenfalls gegeben wird, kann sich dieses Kalküls bewusst werden. Wer gibt, weil er gebeten wird und in der Gleich-Gültigkeit bleibt im Sinne des buddhistischen *Uppekha*, darf sich schon glücklicher fühlen, wobei auch dieser Gedanke schon wieder Gefahr für das Ego beinhaltet. Wie wir sehen, ist geben mindestens so heikel wie bitten und nehmen; Angebettelte und Bettler können also beide lernen.

Aus eigener Erfahrung kann ich sagen, dass Betteln eine verblüffende Methode ist, sich im Hinblick auf Scham und Demut besser kennenzulernen. Jahrelang habe ich einer Amnesty-International-Gruppe angehört, die ihre Arbeit für politische Gefangene dadurch finanzierte, dass wir auf der Straße Passanten eine Nelke für fünf D-Mark verkauften, das hieß, sie letztlich zur Unterstützung unserer Arbeit anbettelten. Wir machten das gemeinsam, und obwohl wir uns dabei manchmal erhebliche Beschimpfungen anhören mussten, fiel es bei etwas Überwindung gar nicht schwer. Es war eine gute Übung, in Demut zu bleiben auch bei haarsträubenden Reaktionen wie »ihr Kommunistenschweine« oder Meinungsäußerungen wie »Da sitzt keiner unverdient«. Diese Leute, die ihre Vorurteile so gern auf andere projizierten, kannten die von uns betreuten Gefangenen gar nicht, und diese waren meist gerade das Gegenteil von Kommunisten, nämlich Dissidenten in Russland oder China, Opfer der Niederschlagung des Prager Frühlings und andere Verfolgte.

Betteln für andere und einen guten Zweck ist noch vergleichsweise leicht. Als ich im Rahmen eines Psychotrainings einmal einen halben Tag für mich selbst betteln musste, merkte ich den gar nicht so *feinen Unterschied.* Für andere zu betteln, ist vergleichsweise wenig demütigend, trotz aller möglichen damit verbundenen Demütigungsversuche. Für den eigenen Unterhalt zu betteln, fällt viel schwerer und verlangt sowohl Demut als auch innere Kraft, sich nicht zu schämen.

Lebensprinzip: Saturn (von Demütigung bis zu Demut), Neptun (die Hand öffnen und sich der »Gnade« eines anderen ausliefern).

Die Straße als Casting-Bühne

Im Prinzip verkaufen sich die meisten Menschen im Leben, indem sie ihre Dienstleistung beziehungsweise Arbeitskraft anbieten und darum bitten, (an-)genommen zu werden, obwohl das sprachlich und auch sonst anders dargestellt wird. Tatsächlich nimmt natürlich der Arbeitgeber die Arbeit(skraft) und verwendet sie für seine Zwecke, und der Arbeitnehmer gibt seine Arbeit(skraft) als oft das Einzige, was er anzubieten hat, und hofft und bittet darum, (an-)genommen zu werden. Akquisition nennt sich das heute auf höherer Ebene, aber es bleibt ein Anbieten zum Verkauf. Doch wer sich anbieten muss, hat schlechtere Karten als potenzielle Käufer – je nach Angebot und Nachfrage, und dies gilt nicht nur für den Bereich der Wirtschaft und Arbeit, sondern auch für Zwischenmenschliches.

Als unbekannter Autor mit seinem Manuskript hausieren zu gehen, kann rasch demütigend werden. Als ich für mein Buch *Mandalas der Welt* einen Verlag suchte und nur nett formulierte Absagen bekam (»Ein Malbuch für Erwachsene, das kann ja nicht gehen …«), durfte ich diese Erfahrung machen und fühlte mich allmählich schlecht und gedemütigt. Schließlich brachte ein Freund das Buch mir zuliebe heraus, und es wurde der Beginn der Mandalamalen-Welle. Selbst Verlage, die mir einen Korb gegeben hatten, ließen das Original später kopieren. Das war nun seelisch deutlich angenehmer nach dem Motto »Ich habe es ja immer gewusst«, aber die Erfahrung war damit auch vorbei.

Sich selbst verkaufen (zu müssen), kann ein wichtiger Punkt auf der *Liste vor der Kiste* werden, und es ist der Punkt, an dem viele (vielleicht sogar große) Künstler gescheitert sind und es wohl auch weiterhin tun werden. Die Möglichkeiten für die Liste sind vielfältig, angefangen bei Auftritten als Straßenmusikant über Straßenmalerei, bis zum Anfertigen von Scherenschnitten und

Töpferwaren oder der Herstellung von Schmuck oder dem Angebot von Massagen vom Gesicht über den Rücken bis zu den Füßen. Wer einer Marktfrau assistiert und etwas anbietet, das wenig gefragt ist, kann schon erste Erfahrungen sammeln. In anderen Ländern ließe sich auch als Schuhputzer einspringen. Die Übung würde sich noch verschärfen, wenn wir am Abend unser Essen wirklich nur mit dem tagsüber eingenommenen Geld finanzierten. Wer gelernt hat, sich anzubieten und Klinken zu putzen, muss andere, die das tun (müssen), nicht (mehr) verachten, nicht einmal Prostituierte, und das wird das Leben reicher machen.

Lebensprinzip: Zwillinge-Merkur (Handel, Angebot und Nachfrage).

Großzügig schenken

Wer jemals ein Geschenk machen konnte, das (gut) ankam und den Beschenkten innerlich bewegt hat, kennt das Gefühl entsprechend der Bibelweisheit »Geben ist seliger als nehmen«. Schenken erleichtert tatsächlich, denn was immer wir weggeben, kann uns nicht mehr belasten. Es macht unseren weiteren (Lebens-)Weg im wahrsten Sinne des Wortes leichter.

Etwas Wertvolles jemandem zu schenken, der es brauchen kann, bekommt einen ganz eigenen Wert für die Seele des Schenkenden. Zwangsgeschenke zu Anlässen wie Weihnachten haben vielen den Zugang verstellt zum Schenken von Herzen. Inszenierte Konsumorgien wie zur Adventszeit, wenn Menschenhorden Innenstädte stürmen, um sich mit Geschenken auszu*rüsten* für das

Weihnachts(schlacht)fest, sind zu einer Belastung für Schenkende wie Beschenkte geworden. Sie entlarven die Fehlentwicklung im Geschenk(un)wesen, das inzwischen weit an Seelen und Herzen vorbeigeht und einer materialistischen Gesellschaft ihren hässlichen Spiegel vorhält. Es ist enorm erleichternd und entspannend, sich ihm grundsätzlich und konsequent zu entziehen, wie ich aus jahrzehntelanger Erfahrung weiß.

Unverhofft gegebene und erhaltene Geschenke erreichen dagegen eine ganz andere Ebene und schaffen es noch, Herzen zu berühren. Wenn ich etwa spontan Aufmerksamkeit verschenke und meine Zeit aufwende – das Wertvollste, was ich zu verschenken habe –, kann ich das manchmal erleben. Mit Geld ist so etwas nur ganz selten möglich, aber immerhin grundsätzlich auch. Wer glaubt, beim Geld höre die Freundschaft auf, hat eben nie echte Freundschaft erlebt. Für diese Gesellschaft mag der Spruch trotzdem weitgehend stimmen, da bleiben eben Freundschaften meist hinter der Materieebene zurück. Aber es gibt auch immer noch Freundschaften, die bis zum *letzten Hemd* reichen und die Seelenebene hinter der des Geldes im Auge und im Herzen haben.

Einmal habe ich in Bali einen Moment lang in die Augen einer mir fremden Mutter geschaut, die ihr Kind an der Hand hielt, eines mit Down-Syndrom, und die offensichtlich völlig überfordert war. Als Vater einer Tochter mit Down-Syndrom hatte diese Begegnung für mich eine besondere Qualität. Ohne wirklich ein Wort wechseln zu können, habe ich mich bei ihr entschuldigt, dass ich ihr nicht mehr und wirklich helfen könne, und ihr das Geld gegeben, was ich dabei hatte, für ihre Verhältnisse sehr viel. Für meine Verhältnisse war es die einzige »Shopping-Tour«, die es wert war. Und ich erinnere mich an sie noch genau. Die anderen, die ich widerwillig im Schlepptau »shoppender« Partnerinnen überstanden habe, verschwimmen im Meer jener überflüssigen Dinge, die sinnlos Lebenszeit rauben.

Und jeder hat Dinge, die ihn nur (noch) belasten und anderen (Lebens-)Freude machen könnten. Auf der *Liste vor der Kiste* ist hier also bestimmt für viele ein wesentlicher Punkt zu machen und so leicht, sogar erleichternd.

Lebensprinzip: Jupiter (Großzügigkeit, aus der Fülle schöpfen und geben).

In den Schuhen eines anderen gehen

Aus eigener Erfahrung empfehle ich gern die Übung des Rollentausches auf Zeit. Nach langem Zusammensein und vielen seelischen Herausforderungen lässt sich dadurch mancher Druck in der Partnerschaft lindern. Als bei mir der Eindruck entstand, die ganze Last für unsere materielle Existenz allein zu tragen, während meine Frau es sich mit unserer Tochter und unseren Büchern in unserem schönen Zuhause gemütlich machen würde, half mir ein Rollenwechsel sehr. Nach einer Woche Rollentausch wusste ich, wie anstrengend es war, mit unserer Tochter Naomi zum dritten Mal in Folge denselben Film anzusehen und dabei immer noch die von ihr erwartete Begeisterung zu zeigen. Naomi mit ihrer stillschweigenden Forderung unbedingter Aufmerksamkeit bei kleinen – und in meinen Augen – gänzlich sinnlosen Handlungen brachte mir Zen näher als mancher Zen-Meister. Und schon nach kurzer Zeit war ich ihr und ihrem selbst gewählten, ebenfalls retardierten Kindermädchen und vor allem ihrer sehr gescheiten Mutter sehr dankbar für die Gleichmut, Geduld und Liebe, mit der sie ihre Tage friedlich und gerade ohne Streit bestritten. Ich tauschte die Rollen gern wieder, und es hat sich bis heute bewährt, auch wenn wir schon lange nicht mehr zusammenleben.

Diese Übung kann zu einem noch wichtigeren Punkt (auf der Liste) werden, wenn man für eine gewisse Zeit in die Schuhe von jemandem wechselt, den man weder mag noch versteht, sondern der einem sogar widersteht. Dann kann dies eine tiefe Erfahrung und praktische Lektion in Sachen Schattenprinzip werden und im Idealfall zur Aussöhnung mit bisher verachteten Charaktereigenschaften des anderen führen, die einem den eigenen Schatten widerspiegeln. Diese Übung lässt sich auch einseitig mit viel Gewinn durchführen. Wer sich in seinen Widersacher einfühlt, sich mit ihm aussöhnt, wird erstaunt erleben, wie das – nach dem Resonanzgesetz – auch die andere Person beeinflusst.

Lebensprinzip: Neptun (Einfühlungsvermögen).

In fremde Rollen schlüpfen

Karneval oder Fasching lebt davon, dass wir zu unserem Vergnügen in andere Rollen schlüpfen. Es bekommt aber eine ganze andere Dimension, wenn wir dieses Spiel zu anderer Zeit mit nichtsahnenden Menschen spielen. Wer im Fasching als Prinzessin oder

Cowboy geht, wird gar keine großartigen Erfahrungen machen, da jeder die Verkleidung durchschaut und nicht ernst nimmt. Anders ist es im Alltag, hier besteht die Chance, dass die Umgebung die »Kostümierung« übersieht und uns mit der gewählten Rolle identifiziert. Hier wäre natürlich wieder besonders in den Rollen zu punkten, die einem widerstehen. Je verrückter der Rollenwechsel, desto uranischer und wirksamer und desto tiefer die (Lern-)Erfahrung. Man suche sich also die Rolle heraus, die einen selbst am meisten provoziert (die aufgebrezelte Tussie, der nervige Besserwisser mit Fliege ...). Wir sollten erst einmal in diejenige Rolle schlüpfen, die wir uns jetzt schon zutrauen, ohne die andere aus dem Auge zu lassen.

Lebensprinzip: Uranus (verrückte Sachen machen).

In der Bibel lesen

Die meisten von uns sind mit dem christlichen Glauben aufgewachsen, aber leben keineswegs mehr in ihm. Irgendwann ist er irgendwie eingeschlafen oder gar nicht erst erwacht. Die Tatsache, dass wir als Kinder und Jugendliche Konfirmation oder Firmung erlebt haben und später vielleicht – möglichst romantisch – kirchlich heirateten, macht uns im Herzen noch nicht zu Christen. Wenn wir in einer Religion weder verwurzelt noch verankert sind, fehlt uns etwas, auch wenn wir das nicht wahrhaben wollen. Oft habe ich erlebt, wie Buddhisten, die Zuflucht in ihrer Philosophie und im Dharma, das heißt bei ihrer Lehre, nehmen, sich damit so viel leichter im Leben tun.

Die natürlichste und unmittelbarste Form christlicher Religiosität ist das Lesen der Bibel. Die wenigsten wachsen heute noch damit auf. Dabei ist die Bibel ein revolutionäres Buch, das Katholiken lange verboten war. Seit sie aber erlaubt ist und in jedem Hotelzimmer ausliegt, wird sie kaum noch gelesen und von der Mehrheit ignoriert. Als ich einmal eine Hotelbibel kaufen wollte, deren Übersetzung mich faszinierte, war kein Preis zu eruieren; es habe sich noch nie jemand dafür interessiert, hieß es.

Auch und gerade wenn wir uns nicht als besonders religiös empfinden oder uns inzwischen sogar einer anderen Glaubensrichtung zugewandt haben, bleibt es ein eindrucksvolles Erlebnis, sich von der Kraft und der Tiefe der Bibelworte und damit der eigenen Tradition berühren zu lassen – persönlich kann ich besonders die Bergpredigt empfehlen.

In der Bibel habe ich anfangs mit Erstaunen die Schicksalsgesetze wiedergefunden, etwa das Resonanzgesetz (»Wie oben, so unten«) im »Dein Wille geschehe, wie im Himmel so auf Erden«. Auch ein vollständiges Fastenbuch ergibt sich daraus, wie ich für mein erstes Fastenbuch vor über dreißig Jahren erlesen habe. Obendrein ist die Bibel ein im wahrsten Sinne des Wortes *wunder*volles Psychosomatikbuch und eine ideale Anleitung für Geistheiler.

Wer sich mit der Auslegung der Zehn Gebote in der Bergpredigt beschäftigt, kann daraus eine große Kraft und Befreiung erfahren. Wir scheitern danach praktisch alle an allen dieser Gebote, und damit lebt es sich schon wieder ganz entspannt. Das Evangelium ist ausdrücklich nicht nur eine, sondern die frohe Botschaft, und Christus weder so ein moralinsaurer Spielverderber und Moralapostel noch ein asketischer Kostverächter, wie er uns im Religionsunterricht herüberkam. Er vermehrt bei der Hochzeit Wein statt Apfelschorle und fordert seine Jünger oft zum Feiern auf. Mit Maria Magdalena scheint er viel Freude geteilt zu haben, und zur Überraschung vieler Katholiken hatte er Geschwister und Maria also weitere Kinder. Von Zölibat und Verzicht auf Lebensfreude wusste Christus noch nichts, aber er wusste bereits, dass Petrus ihn schon in der ersten Nacht dreimal verleugnen würde. Im Anfang liegt alles. Trotzdem hat er seine Kirche auf diesen »Felsen« (lat. *petra*), auf Petrus, gebaut, was uns sehr entspannen könnte. Und neben vielen unsäglichen Päpsten und Bischöfen sind auch Heilige wie Franz von Assisi und Hildegard von Bingen aus dieser Kirche hervorgegangen, zum Himmel strebende Kathedralen und Päpste wie Johannes XXIII. und der jetzige Franziskus, der dem ersten Franziskus immer ähnlicher werden könnte.

So ist die heilige Schrift unserer eigenen Kultur auf jeden Fall einen Punkt auf der *Liste vor der Kiste* wert. Man braucht ja nicht mit dem Buch Deuteronomium oder dem Johannesevangelium zu beginnen, sondern kann sich das Lukasevangelium oder im Alten Testament Salomons Hohes Lied der Liebe oder die Psalmen vornehmen und staunen, wie sehr dieses Buch unser aller Leben prägt und wie tief es ist und geht.

Lebensprinzip: Jupiter (Begegnung mit Religion und heiligen Schriften).

Die heilige Schrift einer anderen Kultur lesen

Ob wir es schätzen oder nicht, wir sind von den Errungenschaften und Fehlern unserer Kultur geprägt. Das betrifft auch die religiöse Seite unserer Existenz; selbst hier können wir nicht aus unserer Haut. Wohl genau aus diesem Grund hat der Dalai Lama gesagt: »Nimm niemals einem Menschen seine angestammte Religion.« Und vielleicht ist er gerade deshalb als »Menschenfischer« so erfolgreich; weil es ihm nicht einfallen würde, jemanden zu missionieren, folgen ihm so viele.

Esoterik meint in ihrem ursprünglichen Sinn, den inneren Kreis und den tieferen, allen Religionen gemeinsamen Sinn(zusammenhang). So ist es auch auf spirituellem Gebiet wichtig, über den eigenen Tellerrand zu schauen – um eigene Fehler zu finden und anschließend Fehlendes zu integrieren und eigenes so richtig schätzen zu lernen. Ich musste erst monatelang Indien erleben, seinen Staub, seine sengende Hitze und meinen Durchfall, um nach meiner Heimkehr im Gras einer bayerischen Wiese liegend den sauberen Regen auf meiner Haut genießen zu können.

Wer sich der Übung unterzieht, eine der Bibel vergleichbare heilige Schrift einer anderen Religion zu lesen wie etwa die Bhagavadgita oder den Koran, wird bereichert. Gerade auch die heilige Schrift einer Religion, die vielleicht durch das Verhalten ihrer Anhänger Widerstand in mir auslöst, kann in dieser Hinsicht bewusstseinserweiternd wirken. In dem Sinne wie Krankheit uns den Weg weisen kann, sind tatsächlich auch Widerstände dafür geeignet. Als ich *Das Buch der Widerstände* schrieb, wurde mir klar, wie viel mehr ich an meinen Widerständen gewachsen bin als an meinen Erfolgen. So habe ich auch sehr gestaunt, wie weit die Grundaussagen des Koran vom Fanatismus und der blutigen Mordorgie der Islamisten entfernt sind und welche große Rolle die Liebe in dieser Religion spielt. Die Freundschaft zu Sufis hat mir den Zugang erleichtert. Am Koran lässt sich für Christen gut lernen, Voreingenommenheit und Vorurteile abzulegen und die gemeinsamen Wurzeln im Alten Testament nachzuvollziehen. Allein das könnte einen Punkt auf der Liste wert sein, denn Korankenntnis wäre im Umgang mit so vielen Muslimen bei uns ein wesentlicher Schritt zur Aussöhnung mit der uns umgebenden Wirklichkeit.

Lebensprinzip: Jupiter (einer fremden Religion begegnen und in sie eintauchen, Horizont- und Bewusstseinserweiterung).

Kraft und Macht von Ritualen

In meinen Fastenseminaren erlebe ich seit drei Jahrzehnten, wie schwer wir uns heute mit den eigenen Ritualen, Symbolen und Gebräuchen tun. Wenn wir im Fastenseminar *Körper – Tempel der Seele* den Morgen mit einem christlichen Ritual beginnen oder den Abend damit beenden, treten sofort jede Menge »Widerständler« auf den Plan. Beginnen wir dagegen mit einem indianischen Sonnenritual und enden mit einem hinduistischen Mantra, ist alles bestens, und wir ersparen uns lange Diskussionen und Widerstand. Das zeigt (mir) den Grad unserer religiösen Entwurzelung.

Sobald ein großes Atemritual gegen Ende mit Kantaten, Messen oder gregorianischen Chorälen unterlegt wird, sind die Teilnehmer berührter als bei anderen Stücken. Das spricht eben doch wieder für die eigene Tradition und deren tiefe, wenn auch unbewusste Wurzeln in unserer Seele – gerade auch im Hinblick auf Rituale.

Heute haben wir die Chance, an allen möglichen Ritualen aller möglich Kulturen und Traditionen teilzuhaben. Das kann Vor- und Nachteil zugleich sein. Wer Rituale gleichsam als Tourist miterlebt, wird dabei nicht wirklich in sie eintauchen und wenig erleben. Sie verlangen, dass wir uns einlassen und uns öffnen. Insofern haben die der eigenen Kultur, die hier auch noch ihr Bewusstseinsfeld besitzen, die besseren Chancen, uns in ihren Zauber einzubinden. Für mich, der ich zwar evangelisch getauft, aber in katholischen Gegenden gelebt und in ihren Kirchen gebetet und meditiert habe, ist es das Ritual der Ostermesse, in aller Herrgottsfrüh, wenn ein Kind getauft und das Wasser geweiht wird.

Es kommt natürlich jedes Ritual für die eigene Liste infrage, das – verankert in (s)einer Tradition und mit Inbrunst vollzogen – die Teilnehmer in seinen Bann zieht. Doch unsere Situation ist schwierig: Bei Firmung und Konfirmation wird praktisch niemand mehr erwachsen, beim Sonnentanz der Cherokee aber auch nicht. Andererseits bräuchte unsere Gesellschaft wieder erwachsene Männer und Frauen. Hier zeichnet sich ein Problem ab, das viel tiefer reicht, als die Wahl des geeigneten Rituals auf den ersten Blick vermuten lässt. Der einfachste Zugang zu Ritualen liegt sicher in der Teilnahme an einem, das Chancen bietet, sich zuinnerst berühren zu lassen. Am naheliegendsten ist eines der eigenen Kultur, wenn man sich den Zugang noch zugesteht.

Lebensprinzip: Saturn (Strenge und Konsequenz des Rituals), Jupiter (Ritual als Ausdruck von Religiosität).

Die eigene Kultur (wieder) schätzen und dafür einstehen

Ich selbst musste in der Jugendzeit erst unsere Kultur verlassen, um sie überhaupt schätzen zu lernen. Als wir im jugendlichen Überschwang aus der Hippie- in die 68er-Zeit wechselten und Sozialisten wurden, kam mir mein Vater dazwischen. Er hatte die DDR bewusst verlassen und war inzwischen Direktor beim Thyssen-Konzern. Erst fand er, dass die Faszination für den Sozialismus eine wichtige Erfahrung für mich sei; als sie aber nach einem Jahr noch nicht vorüber war, lud er mich ein, mir die gelobten Länder Kuba, China und die UdSSR persönlich anzusehen. Ich sah das als Chance zu spannenden Reisen, er als Therapie für meine Weltsicht. Und tatsächlich verging mir das Schwärmen für den Sozialismus in Ländern, wo er so kläglich scheiterte. Wer als Hippie dreimal den Pass zeigen muss, um einmal an den Strand zu kommen, und mitbekommt, wie jeder, der auch nur zehn Stämme zu einem Floß zusammenbinden kann, sich aufmacht, dem sozialistischen Paradies Kuba unter Lebensgefahr davonzuschwimmen, erlebt Ernüchterung und Therapie in einem Zug. Sozialismus ohne Freiheit war jedenfalls nicht meines, anders ausgedrückt, Freiheit war mir persönlich doch wichtiger als dieser Sozialismus, auch wenn ich bis heute darin keine zwingende Alternative sehe.

Etwas, womit ich aufgewachsen war, ohne es recht zu schätzen, brachte mir eine Ägyptenreise zu Bewusstsein: die Freiheit des Denkens, Redens und Schreibens. Auf unserer damals noch für Ärzte reservierten Kreuzfahrt auf dem Nil wurden wir von zwei wundervoll gebildeten Reiseführern begleitet. Beide waren Germanisten, der eine hatte zusätzlich Archäologie, der andere Ägyptologie studiert. Von einem Tag zum anderen waren sie aber wie ausgewechselt, verhielten sich ablehnend und missgelaunt. Grund waren gerade in Dänemark erschienene Karikaturen über den Propheten Mohammed, nach dem beide auch noch benannt waren. In ausführlichen Gesprächen mit beiden distanzierte ich mich von der Verunglimpfung des Propheten, was aber keinen Einfluss auf ihre schlechte Stimmung hatte. Schließlich erklärte ich ihnen die Welt aus meiner Sicht: dass Dänemark ein verglichen mit Ägypten unglaublich freies Land mit Pressefreiheit sei und weder die dänische Regierung noch gar die EU mit solchen Veröffentlichungen in Zeitungen das Geringste zu tun hätten; das müsse ihnen nur deswegen unglaubhaft erscheinen, weil sie ausnahmslos Diktatur kennengelernt hätten. Und sie bräuchten noch Jahrhunderte, um ihren Staat auf ein Niveau wie Dänemark zu heben, und das sei auch der Grund, warum sie trotz jeweils zwei Studienabschlüssen solch einen Job machen müssten und das halbe Land Touristen anbettele. Nach dieser langen Rede waren sie sprachlos, und ich fürchtete schon, zu weit gegangen zu sein. Nach kurzer Bedenkzeit waren sie aber wieder zu alter Kooperation bereit und bedankten sich sogar für diese Hinweise und dafür, dass mal ein Christ zu seiner Kultur stehe. Nun ist die Pressefreiheit gar nicht christlich, aber doch wunder- und wertvoll und (mir) immer einen Punkt wert.

Doch zurück zur Ihrer eigenen Liste: Was ist Ihnen wichtig an unserer Kultur, was möchten Sie nie mehr missen, wofür würden Sie notfalls sogar kämpfen? Das wären lohnende Fragen, aus denen sich wertvolle Punkte ergeben können. Nur durch Bewusstmachung der Errungenschaften der eigenen Kultur steigen diese wieder im Wert.

Lebensprinzip: Stier-Venus (der mir vom Schicksal zugedachte Platz, meine kulturellen Wurzeln).

Der Angst ins Auge blicken

Die meisten Menschen haben vor irgendwem oder irgendetwas Angst – schon seit der Urerfahrung von Enge bei der Geburt und dann ein Leben lang. Das aber müsste gar nicht so sein und schon gar nicht so bleiben. Wenn wir vor der Angst fliehen, setzt sie sich uns in den Nacken und heftet sich an unsere Fersen. Drehen wir aber den Spieß um und konfrontieren sie, flieht die Angst vor uns, windet sich und verschwindet in den letzten Ecken unserer Seele.

Im Umgang mit Angst habe ich neben meinen persönlichen Erfahrungen auch die mit dem Programm Angstfrei leben. Buch und CD zeigen einen einfachen Weg, zu einer Abmachung mit der Angst zu gelangen, bei der sie täglich ihren (Zeit-)Raum und ihr Ritual bekommt, um sich mit ihr auseinanderzusetzen. Es wird im Zuge dieser Bearbeitung geradezu schwer, sie zu finden; die Ängste schwinden und verschwinden in überschaubarer Zeit. So wird es Schritt für Schritt einfacher, Dinge zu tun, vor denen wir bisher Angst hatten.

Ein Punkt auf der Liste ist deshalb, etwas zu tun, vor dem man Angst hat, und der Angst dabei frontal ins Gesicht zu blicken. Auf diese Weise finden wir obendrein die Botschaft, die in der Angst steckt, denn jede Angst kann eine Geschichte erzählen von ihrem Thema, das man mit ihrer Hilfe aus dem eigenen Leben halten wollte. Sobald wir das Thema aber begrüßen können, hat die Angst keine Funktion mehr und spielt damit auch keine weitere Rolle.

Noch in meiner Schulzeit, lange vor diesem Programm, hatte ich so große Angst, vor der Klasse meinen Aufsatz vorzulesen, dass ich mir ernsthaft überlegte, schlechtere Aufsätze zu schreiben, um diese Situation, die eigentlich als Auszeichnung gedacht war, zu vermeiden. Mein Mund war so trocken, dass die Zunge buchstäblich am Gaumen klebte. Als meine Lehrerin dahinterkam, wurde sie geradezu wütend und verlangte von mir, den schlechteren Aufsatz ebenfalls vorzulesen. Damit entfiel der Grund, mein Licht unter den Scheffel zu stellen. Aber sie ging noch weiter, animierte mich bei allen möglichen Gelegenheiten, mich der Angst zu stellen, bis ich bei Jugendgottesdiensten in der Kirche redete und Referate und Vorträge für Amnesty International hielt. Ihr und dieser pädagogischen Verhaltenstherapie verdanke ich das Ende meiner Angst, vor Menschen zu sprechen, und inzwischen halte ich längst sehr gern Vorträge und Seminare vor möglichst vielen Zuhörern. So hat sich eine Schwäche in eine Stärke verwandelt. Das aber ist mit jeder Schwäche, jedem Symptom und Widerstand möglich.

Hier ergibt sich für Suchende eine ganze Reihe Punkte auf der *Liste vor der Kiste.*

Lebensprinzip: Saturn (Angst, die schon sprachlich mit Enge [lat. angustus = eng] zu tun hat, und deren Überwindung).

Einen Sterbenden begleiten

»Der Herr gibt es, und der Herr nimmt es« – auf nichts trifft dieses alte Wort so sehr zu wie auf das Leben selbst. Den Tod wird der Mensch niemals unter seine Gewalt bringen, auch wenn er sich von Organverpflanzungen bis zu futuristisch-verrückten Ideen wie dem Einfrierenlassen noch so sehr müht. Umso wichtiger ist es, sich damit auszusöhnen, irgendwann gehen zu müssen und zu können. Für diese Auseinandersetzung mit dem Tod wäre es gut, vor dem eigenen Ende einmal einen anderen beim Sterben zu begleiten. Dies ist ein wesentlicher Teil von des Lebens Pilgerreise und die beste Vorbereitung auf die eigene (Er-)Lösung.

Mir sind die Gespräche mit meinem Vater vor seinem Tod die wichtigsten zwischen uns; zu den unvergesslichen Erfahrungen gehören das spirituelle Begleiten der einen Schwiegermutter und das konkrete der anderen vor beider Tod, und ich nahm es nicht als Zufall, als Letzteres genau in die Entstehungszeit dieses Buches fiel und mich animierte, den Erfahrungsbericht von Bronnie Ware zu lesen: *5 Dinge, die Sterbende am meisten bereuen.*

Zögern wir also nicht, einem Menschen vor seinem Tod Begleitung anzubieten. Wann immer ich Sterbebegleitung erlebt habe, war schwer zu entscheiden, wem von beiden mehr geholfen war.

Eine gute Einführung und Vorbereitung ist das erwähnte Buch von Bronnie Ware. Aber auch Filme wie *Rendezvous mit Joe Black* sind hilfreich oder *Oscar und die Dame in Rosa* über das Sterben eines Kindes, der zugleich das Geheimnis der Zeit thematisiert. Konkrete Möglichkeiten für Sterbebegleitung bietet die Mithilfe in einem Hospiz(verein) – aber auch im nächsten Altersheim.

Lebensprinzip: Saturn (Begegnung mit Sterben und Tod).

Engel herbeibitten

Wer nicht an Engel glaubt, ist kein(e) Realist(in). Das ist wie bei Wundern. Professor Gallmeier, damals an der Universität Erlangen-Nürnberg, der sich als Erster in der deutschen Schulmedizin für Wunder, sogenannte Spontanremissionen, interessierte, sagte: »Wer als Arzt nicht an Wunder glaubt, ist kein Realist. Es passieren einfach zu viele.« Ähnlich ist es mit Engeln. In praktisch allen Kulturen und Traditionen kennt man sie. Zu glauben, dass diese Menschen sich alle irren, ist naiv und geradezu unwissenschaftlich. Aber viele glauben bei uns nicht mehr an Engel, sondern an die Wissenschaft – sehr zu ihrem Schaden. Die Wissenschaft hat Gläubige nicht nötig, und den Ungläubigen fehlen die Schutzengel, wenn sie am Ende des Lebens einer trockenen Wissenschaftsmedizin ausgeliefert sind.

Es gibt unzählige glaubwürdige Geschichten darüber, wie Menschen von ihrem Schutzengel behütet und vor Gefahren bewahrt wurden. Vielleicht ist es auch nur eine Definitionssache. Natürlich haben Engel in modernen Zeiten nicht mehr unbedingt weiße Flügel mit Federn wie John Travolta im sehenswerten Film *Michael.* Heutzutage können Engel die Gestalt eines Buchhalters annehmen, der einem im rechten Moment die letzten Kohlen aus dem Feuer holt, eines Nachbarn, der einen gerade so lange mit seinem Geschwätz aufhält, bis uns das die Vorfahrt nehmende Auto nicht mehr erwischt, oder einer Krankenschwester, die das größte Leid erträglich macht, aber auch eines Delfins, der sich eines Schiffbrüchigen annimmt. Engel in Menschengestalt und Menschen in Engelgestalt wie etwa auch in dem sehenswerten Film von Niki Caro, *Der Engel mit den dunklen Flügeln*, sind uranische Wesen mit Flügeln oder jedenfalls beflügelnd, dafür ohne Geschlecht und ungemein gute Freunde.

Über Jahre hinweg erschien mir das »Engel-Getue« in der Esoterikszene zu dick aufgetragen. Natürlich glaubte ich als Arzt an Schutzengel, aber doch nicht so konkret, obwohl ich ihr hilfreiches Wirken bei scheinbar aussichtslosen Operationen und unheilbaren Krankheitsbildern (mit-)erlebt hatte – oder als ein Kind aus dem vierten Stock stürzte, ohne eine Schramme davonzutragen.

Als ich vor zehn Jahren einen Lichtnahrungsprozess in eigener Regie machte und acht Tage weder aß noch trank und sich mein Leben völlig umstellte, änderte sich meine Einstellung. Ich erlebte, wie sich nicht nur mein Schlafbedürfnis auf unter zwei Stunden senkte und die Wachheit insgesamt stieg, sondern auch, wie die Sinneswahrnehmungen sich veränderten und ich visionsartige Träume und traumhafte Visionen erlebte. Seitdem weiß ich, wie sehr unsere Sinneswahrnehmungen vom Bewusstseinszustand abhängen. In diesem sensiblen Zustand konnte auch ich Lichterscheinungen und Lichtwesen wahrnehmen. Allerdings würde ich deswegen solche Experimente nicht empfehlen, zumal sie in der Weise »gelingen« könnten, dass anschließend gar keine oder kaum noch Nahrung gebraucht wird. Dann aber nimmt man alles zu, was man isst, und wird dick. Das ist – abgesehen von möglichen anderen gesundheitlichen Problemen – eine schwierige Situation. Trotzdem möchte ich die Erfahrung schon deswegen nicht missen, weil ich jene Lichterlebnisse hatte. Im Anschluss daran ist die CD *Schutzengel-Meditation* entstanden, die mir vorher nie in den Sinn gekommen wäre.

Unabhängig davon ist die Frage, ob man eine Engelerfahrung und eine Begegnung mit seinem Engel auf die eigene Liste nehmen möchte. Allein dieser Akt macht ein solches Ereignis schon wahrscheinlicher. Auf der Liste würde der Eintrag reichen: »Offenheit für meinen Engel«. Es gibt Punkte, die zum Abhaken auf der Liste zu schade sind; der letzte über Sterbebegleitung war so einer, und dieser engelhafte ist es wieder. Er gehört zu den *big points*, um die es wirklich geht und die entscheidend sind.

Lebensprinzip: Uranus (Engel, Wesen des Himmels).

Schutzengel-Meditation

Genau wie seinen Liebesgott oder seine Liebesgöttin kann man natürlich auch seinen Schutzengel in einer Meditation oder Trance visualisieren. Besonders reizvolle wäre auch ein Gespräch mit ihm bezüglich der bisher von ihm geleisteten Arbeit, die meist weit über das hinausgeht, was man sich überhaupt vorstellen kann.

Inzwischen bin ich davon überzeugt, dass wir die Kindheit und Jugend ohne kompetenten Schutzengel kaum überstehen könnten. Die Geschichte von dem Menschen, der am Ende seiner Tage seine Lebensspur im Sand sieht, gibt die Wirklichkeit wohl recht gut wieder. Erstaunt stellt dieser fest, dass fast immer noch eine zweite Spur neben seiner eigenen sichtbar ist, und er fragt Gott, was das zu bedeuten habe. Gott antwortet ihm, das sei seine Spur beziehungsweise die des Schutzengels, denn einer von ihnen beiden sei stets an seiner Seite gewesen. Ja, und wo sei denn Gott oder sein Engel in den besonders schwierigen Zeiten des Lebens gewesen, wo nur eine Spur zu sehen sei? Als Antwort kommt der Rat, nur genauer hinzuschauen, denn dort sei die Spur viel tiefer, weil ihn immer einer von ihnen beiden getragen habe.

Solch ein Gespräch mit dem Schutzengel ist nicht früh genug im Leben zu führen, deshalb könnte es einer der ersten Punkte auf der Liste sein. Um in Kontakt mit dem Schutzengel zu kommen, brauchen wir nur zu lernen, in Meditation oder Trance zu gehen, wozu jede bessere Meditations-CD anleitet. Dann gilt es, unseren ersten aufsteigenden Gedanken wahr- und wichtig zu nehmen, was ein wenig Training verlangt. Ein Gedanke ist immer der erste, und der ist sofort wahrzunehmen, denn nur in ihm wird der Schutzengel auf alle Fragen antworten. Wir müssen ihm also genau zuhören und gut aufpassen.

Lebensprinzip: Uranus (Schutzengel).

In den Welt(en)Raum blicken

In dem Maß, wie wir um die Natur fürchten müssen, kommen die alten Naturreligionen zurück in unser Bewusstsein. Ganz verschwunden war der Schamanismus *natür*lich nie, aber jetzt ist er erneut in vieler Munde. Selbst die Hexen haben wieder einen guten und – wenn man die Bücher von Paulo Coelho liest – faszinierenden Ruf. Eine Frau als Kräuterhexe zu bezeichnen, gilt heute nicht mehr als Herabsetzung. Als ich das vor Jahrzehnten in liebevoller Anerkennung bei Maria Treben tat, gerieten ihre Anhängerinnen noch außer sich. Ein Professor der Schulmedizin nannte mich zu Beginn meiner Arzttätigkeit verächtlich »Schamane im Arztpelz«. Ich bedankte mich artig für das Kompliment, wurde aber gar nicht verstanden; man erwartete damals eine Verteidigung wegen angeblicher Beleidigung.

Der Schamanismus hat viele Ausprägungen, ist aber überall getragen vom Wunsch des Einsseins mit Pflanzen und Tieren, den Elementen Wasser, Erde, Feuer und Luft, den Landschaften und ihren Wesen und letztlich dem ganzen Universum. Sein Weltbild ist von Animismus geprägt: Alles wird als wesenhaft und lebendig erlebt und hat natürlich eine Anima, eine Seele. So kann uns der Schamanismus bei der Wiederverzauberung der Welt helfen. Und ist sie nicht tatsächlich zauberhaft, unsere Erde mit ihren Wesen? Insofern war auch Franz von Assisi Schamane, der uns die Kommunion mit allen Wesen nahelegte, genauso Albert Schweitzer, indem er den Respekt vor allem Leben betonte, und natürlich sind Buddhisten Schamanen mit ihrem Mitgefühl für alle fühlenden Wesen.

Ein wichtiger Punkt auf unserer Liste ist damit die Wiederentdeckung der Natur, genauer die Entdeckung der äußeren Natur auf dem Weg zur eigenen inneren. Wir könnten uns einmal nachts draußen an einem Ort ohne Lichtverschmutzung hinsetzen und einfach in den Himmel zu den Sternen aufschauen. Wir könnten uns einen aussuchen und ihm unsere Geschichte erzählen. Oder all das, was wir mit unserer Liste erlebt haben. Für diese Kommun(ikat)ion bauen wir von innen her eine Verbindung mit diesem weit entfernten Lichtpunkt auf, der eine ganze Welt für sich ist – eine Sonne vielleicht, um die Planeten kreisen. Vielleicht ist auch dort Leben? Warum sollte Leben immer von Wasser und Sauerstoff abhängig sein? Ist das nicht auch nur eine Idee von uns, die wir uns Leben lediglich nach unserem eigenen Bild vorstellen können? Jetzt ist ein Moment, sich als einzigartiges Lebewesen zu fühlen – nicht nur auf dem Planeten Erde, sondern als Bewohner(in) eines unermesslich großen Universums. Oder schauen wir tagsüber in einen Blütenkelch und machen uns auf den Weg zu allem.

Wenn wir wieder zu Hause sind, könnten wir unseren Wissenshunger stillen über das, was wir gerade gesehen haben, und es in unsere Empfindungswelt einbetten. Es ist kein Fehler, den Verstand mitzunehmen auf den Weg, denn wir Menschen sind vielschichtige Wesen; die Natur hat uns Gefühl und Verstand gegeben, damit wir über uns hinauswachsen und auch den Geist in allem erfahren. Und der Geist kann uns mit folgenden Gedanken beschenken: Wenn wir in den nächtlichen Sternenhimmel schauen, weit draußen in der freien Natur und ohne jedes künstliche Licht, sehen wir einerseits in den Welt(en)Raum, andererseits auch in die

Zeit, denn wir sehen Sterne, die schon seit Jahrtausenden und länger nicht mehr existieren. Obwohl längst erloschen, ist ihr Licht noch auf dem Weg zu uns. So begegnen sich am nächtlichen Sternenhimmel die Zeiten, und wir sind in der Mitte von allem – verbunden mit allen Geschöpfen und Wesen, hier wie dort und in allen Zeiten: Gestern sagten wir noch morgen …

Lebensprinzip: Neptun (All-Eins-Sein), Uranus (die Weite des Himmels).

Erfahrung weitergeben

Jede Generation steht auf den Schultern der vorherigen. Wie wäre es wohl, wenn jede wieder bei null anfangen müsste? Wir können es uns nicht vorstellen, weil uns das gewachsene Gefüge des Lebens so selbstverständlich erscheint. Erst wenn wir in einer schwierigen Situation Hilfe empfangen, Anstöße erhalten, uns fortzuentwickeln, um zu dem zu werden, was unsere Bestimmung ist, wird uns wieder bewusst, wie verloren wir allein und ohne die Anregungen und Hilfen anderer wären. Oder wie Walter Lechler, der Freund, der uns gerade neunzigjährig verlassen hat, sagte: »Nur du allein kannst es schaffen, aber allein kannst du es nicht schaffen.«

Wir können für alles dankbar sein, was wir im Leben von anderen empfangen. Aber nicht nur das: Wir könnten und sollten vielleicht auch etwas weitergeben an die uns nachfolgende Generation. Und nicht nur als Eltern an unsere eigenen Kinder, sondern auch als Groß(e)Eltern an einen oder mehrere junge Mitmenschen. Gerade heute wäre das naheliegend, weil viele junge Leute schier überwältigt sind von der Kompliziertheit und Undurchschaubarkeit der modernen Welt, in die sie hineinfinden und in der sie sich behaupten sollen. Unterstützen wir also einen jungen Menschen dabei, (wieder) ins Leben zu finden. Es macht so viel Freude, jemandem auf die Sprünge zu helfen.

Lebensprinzip: Mond (Fürsorge für die nächste Generation).

Abschalten

Es ist eine große Herausforderung unserer Zeit und ein Problem, ja schon ein Fluch, ständig erreichbar zu sein – für Leute, die einem nicht nahe sind, für etwas, das man nicht gern macht, für einen Chef, den man am liebsten ganz und gar vergessen würde. Abschalten zu können, wird zwar immer wichtiger, kann aber auch bedeuten, sich dem Leben zu entziehen. Im Grunde scheinen wir es nicht mehr für möglich zu halten, dass es ein Leben gibt, für das es sich lohnt, jederzeit da und offen zu sein. Unsere Ohren sind aber generell immer offen und nicht verschließbar; das ist bedeutungsvoll. Der Philosoph Zeno führte dazu aus: »Der Grund, warum wir zwei Ohren und nur einen Mund haben, ist, dass wir mehr hören und weniger reden mögen.«

Wechseln wir doch einmal auf den Gegenpol, indem wir jederzeit offen und erreichbar sind und das Geheimnis des Zuhörens entdecken. Das kann heißen, jemandem eine ganze Stunde lang nur zuzuhören oder einen ganzen Tag auf das zu horchen, was wirklich hereinwill, was wesenhaft ist und uns betrifft und berührt. Es meint auch, auf Sinn und Bedeutung und das Wesen, das auch Dingen innewohnt, zu horchen. Oder stehen wir einmal zur Verfügung, wann immer jemand uns braucht, und hören wir hin. Erreichbar sein und sich einlassen ist eine großartige Übung in Demut und Urteilslosigkeit, und wir könnten damit wundervoll auf unserer Liste punkten.

Andererseits bedeutet es auch völliges Abschalten – für eine (besondere) Zeit von allem, was mit dem Netz, dem *Inter*net(z) zu tun hat. Es steht – *nomen est omen* – längst zwischen uns und nimmt immer mehr Menschen in seinen digitalen Maschen gefangen, sodass schon von »digitaler Demenz« die Rede ist. Rigoroses Abschalten ist eine wundervolle Erfahrung, und das anschließende An- und Aufmachen bringt uns möglicherweise eine Stufe weiter, indem ein Einschwingen aufs Leben folgt. Wie wäre es also mit der modernen Version eines: »*Drop out – turn on – tune in*« oder: »Schalt ab, steig aus – schalt ein – schwing dich ein.«

Lebensprinzip: Zwillinge-Merkur (Kommunikation), Saturn (Verzicht).

(Vor-)Urteilsfrei leben

Wann immer wir einem Menschen begegnen, urteilen wir. Jedes Mal, wenn etwas Unvorhergesehenes geschieht, urteilen wir. Selbst wenn sich etwas ereignet, das geschehen musste und das völlig vorhersehbar war, urteilen wir. Was geschähe, wenn wir es einmal nicht täten? Uns wäre jedenfalls von Anfang an leichter ums Herz, denn Urteile und besonders Vorurteile wiegen schwer. Außerdem wird aus dem Blickwinkel des Alltags beurteilt; anders würde es aus der Perspektive der »Pilgerreise des Lebens« aussehen. Bei Letzterer werden harte Prüfungen plötzlich zu Chancen, und so mancher Gegner entpuppt sich als Freund, weil er uns (un-)bewusst den roten Teppich ausrollt zu einer Gelegenheit, wichtige Erfahrungen zu machen und innerlich zu wachsen.

Wir könnten deshalb als Punkt aufnehmen, eine Woche lang urteilslos zu reagieren und genau zu erleben, was dann mit uns und um uns herum geschieht. Das ist zugegebenermaßen ein sehr anspruchsvoller Punkt auf der *Liste vor der Kiste*, aber auch einer, der wesentlich verändern und enorm weiterbringen kann.

Es ist, wie es ist – Sein Wille geschieht –, und wir schauen uns das alles nur an, werden zum Zeugen Seiner Schöpfung. Buddhisten nennen das *Uppekha*-Meditation: sich eine halbe oder eine ganze Stunde der Meditation gönnen und alles, was innerlich auftaucht, mit Gleich-Mut betrachten, weil es alles *gleich gültig* ist. Das verdeutlichen auch Krishnamurtis Worte: »Die höchste Form der Intelligenz ist das Nichtbewerten.« Denn wer sind wir, uns ein Urteil anzumaßen? Insofern ist diese Meditation eine ideale morgendliche Einstimmung auf die Tage dieser Woche, die wir uns für die Übung des nicht wertenden sogenannten Zeugen-Bewusstseins reserviert haben.

Lebensprinzip: Jungfrau-Merkur (sich des permanenten Wertens, Urteilens, Be- und Verurteilens gewahr sein).

Bedingungsloses Einverstandensein

Die Woche der (Vor-)Urteilsfreiheit ist die ideale Einstimmung auf eine weitere des Einverstandenseins. Es hilft, das Wörtchen Nein einmal bewusst aus dem Wortschatz zu streichen – ob für eine Woche, einen Tag oder auch nur eine einzige Stunde. Schwer fällt es immer. Aber dann fällt auch plötzlich vieles leichter!

Ich empfehle, einen normalen Arbeitstag zu wählen, um Ja zu allem zu sagen, was von einem verlangt wird – nicht aus Opportunismus, sondern um dem Universum eine Chance zu geben, mir ganz deutlich zu zeigen, wer ich bin und was es von mir will.

Über die Wünsche anderer Menschen, die an uns gestellt werden, können wir gut die eigenen entdecken. Das ist viel weniger kompliziert, als es klingt: Jemand will etwas von mir, und ich bin entweder erfreut oder misstrauisch. Diese Reaktion zeigt mir, womit ich mich identifiziere oder wovon ich mich distanzieren will. Der andere ist mein Spiegel. Die Heftigkeit oder Hitzigkeit meiner Reaktion ist das Thermometer meiner Emotionen, ein Gradmesser meiner eigenen Befangenheit. Indem ich nicht mehr Nein sage, werde ich nicht etwa unehrlich, denn ich verhalte mich einfach nur still und schaue auf mich selbst – und mache mich so zum Spiegel meiner Welt und ihrer Wünsche und Vorschläge an mich. Das ist eine wundervolle Möglichkeit, das Resonanzgesetz an sich selbst zu erleben, und könnte ein wichtiger Punkt auf der Liste sein.

Lebensprinzip: Neptun (Zulassen, Hingabe).

Einen Feind lieben

Einmal von Herzen und in einer wichtigen Situation zu einem Menschen Ja zu sagen, den man am liebsten auf den Mond schießen würde, das heißt, ganz weit weghaben will, könnte eine inspirierende Erfahrung sein. Vielleicht gibt es jemanden in der Arbeitswelt, den wir immer gemieden haben, jemanden, der uns verletzt hat. An diesem einen Tag könnten wir innerlich Ja zu dieser Person sagen und ihr Gedanken der Zuneigung und sogar Liebe schicken. Dazu stellen wir uns diesen Menschen möglichst lebendig vor und spüren wirklich, wie die Liebe aus unserem Herzen zu ihm strömt und ihn einhüllt. Vielleicht haben wir Lust, den anderen nach dieser Vorübung sogar anzurufen oder zum Mittagessen einzuladen. Vielleicht ist es auch hilfreich, alles zuerst »nur« auf der Bilderebene auszuprobieren. Es wird sich sicher gut anfühlen und dann umso leichter in die Realität umsetzen lassen.

Am Ende dieses Tages gehört es dazu, auch zu uns selbst bedingungslos Ja zu sagen und uns in dieser Stimmung einen schon lange gehegten Wunsch zu erfüllen – indem wir etwa einmal unvernünftig viel Geld für uns ausgeben und diesen Tag des Ja feiern.

Lebensprinzip: Pluto (Feindesliebe), Jupiter (Großzügigkeit walten lassen).

Mit Delfinen schwimmen

Im offenen Meer zu schwimmen – wenn auch mit einem Boot in der Nähe – ist schon an sich eine wundervolle Erfahrung in Neptuns Reich. Wer mit diesem Lebensprinzip ausgesöhnt ist, wird dabei keine Angst haben, sondern ein großes, bewegendes Freiheitsgefühl empfinden und das weiche Umspültwerden der Haut im warmen Wasser genießen. Diesen schwimmenden Ausflug in einer Meeresregion zu unternehmen, wo die Chance besteht, mit frei lebenden Delfinen in Kontakt zu kommen, hat nicht nur mich sehr berührt. Was es Besonderes mit diesen großen, etwa 250 Kilogramm schweren Raubtieren und uns auf sich hat, wissen wir gar nicht so recht. Jedenfalls ist es beeindruckend, mit Delfinen in Kontakt zu kommen, die uns so wohlgesinnt sind, uns immer ihr gewinnendes Lächeln schenken, das ihnen Mutter Natur so unverwechselbar und unauslöschlich ins Gesicht geschrieben hat. Oder ist es ihre überlegene Intelligenz – und unser Wissen darum –, die so anziehend wirkt? Sie müssen intelligenter sein als wir, denn ihr Gehirn ist deutlich größer und vor allem differenzierter als unseres. Vielleicht ist es auch die gespürte Verwandtschaft, sind Delfine doch als Säugetiere ins Seelenelement Wasser zurückgekehrt, zu dem auch wir noch so große Sehnsucht haben, wie es unsere beliebtesten Urlaubsziele verraten, die fast immer in Wassernähe liegen. Wahrscheinlich sind Delfine, die immer im Wasserelement leben, dem Seelischen, dem Empfinden und Fühlen, viel näher als wir. Immerhin fühlen wir auch mehr mit ihnen, und viele kämpfen gegen die barbarischen Gewaltorgien, denen sie in manchen Gegenden der Welt ausgesetzt sind. Für Kälber oder Schweine, die viel häufiger und geradezu regelmäßig solches Elend erleiden, lassen sich Menschen viel schwieriger mobilisieren.

In der starken Gefühlsbezogenheit der Delfine mag das Geheimnis ihrer Vorliebe für geistig Behinderte wie Kinder mit Down-Syndrom liegen, denen kein Intellekt den Zugang zu den Gefühlswelten verstellt und die so ganz Seelenwesen sind. In der Hierarchie der Lieblingsmenschen von Delfinen kommen dann Schwangere und anschließend Frauen und Mädchen, danach erst einfühlsame Jungen und Männer, und »Intellekt-Tiger« kommen ganz zum Schluss – also genau umgekehrt als in unserer modernen Arbeitswelthierarchie. Es ist tatsächlich auch nicht wichtig, diese (be-)rührende Beziehung rational zu verstehen, solange wir sie erleben. Jedenfalls lassen uns Delfine über uns selbst hinauswachsen. Ich habe Menschen mit ihnen schon über zwei Minuten unter Wasser erlebt, die eigentlich nur wenige Sekunden tauchen konnten. Und Delfine nehmen uns, wenn wir ihnen auf gleicher Ebene begegnen – das heißt ohne Pressluftflaschen –, mit offenen Flossen bei sich auf. Mein schönstes Erlebnis war, mit einem Freund in einer Schule von zwanzig oder mehr Delfinen gleichsam mitgenommen zu werden: ich am Rand, er aber mitten in der Gruppe. Die Delfine schwammen schon untereinander hautnah und gewährten auch uns dieses sinnliche Vergnügen.

Wahrscheinlich machen Delfine, was immer sie tun, aus Sinnenlust und ohne Absicht, eben neptunisch – etwa das Schwimmen in den Bugwellen von Schiffen, spielerisches Springen und Spielen. Vielleicht wollen wir auch das insgeheim von ihnen lernen.

Mich hat die Erfahrung mit Delfinen so berührt, dass (s)ich daraus in meinen Seminaren eine Art delfinisches Schwimmen für Menschen entwickelte. Tatsächlich können wir mit ähnlichen Bewegungen schwimmen und auch beliebig lange unter Wasser bleiben, wir müssen nur häufiger zum Luftholen an die Oberfläche kommen als sie. Wenn sie sich lustvoll mit dem Seelenelement Wasser ausgesöhnt haben, erleben Kursteilnehmer dabei große und manchmal überwältigende (Lebens-)Freude. Als besonderes Geschenk kommt noch hinzu, dass die Berührung geschmeidig weicher und anmachend glatter menschlicher Haut im Wasser noch viel schöner ist als die der relativ harten von Delfinen.

Der Neurophysiologe und Delfinforscher John Lilly hat zwar sein eigentliches Anliegen, die Sprache der Delfine zu lernen, nie verwirklichen können, aber er hat viel von ihnen gelernt und den Samadhi-Tank aus diesen Erfahrungen entwickelt, woraus in unserer Zeit das Floatarium entstand. Die Übungen des *Aqua-e-motion* in unseren Seminaren erfüllen diese Sehnsüchte heute noch viel schöner.

Lebensprinzip: Neptun (Wasserwelten und Seelenbewusstsein).

Dem Kaiser, was des Kaisers, Gott, was Gottes ist

»Wenn du betest, dann tue es nicht auf der Straße«, lautet sinngemäß ein Ratschlag im Neuen Testament, denn Innerlichkeit will nach innen wirken, nicht nach außen. So einfach ist das – und doch so schwer.

Wir alle sehnen uns so sehr nach Anerkennung, selbst wenn es Anerkennung für die eigene spirituelle Praxis ist, obwohl das natürlich nicht Sinn der Sache sein kann. Erleuchtung, Erlösung, Erwachen oder wie immer wir es nennen, spielt sich ausschließlich in unserem Innern ab, an einem Ort, wo niemand hinschauen kann – außer Gott und wir selbst. Inneres nach außen zu bringen schwächt es, weswegen ein persönliches Mantra geheim zu halten ist.

Ähnlich rät die Bibel, sein Fasten nicht nach außen merken zu lassen, sondern es wirklich innerlich für sich und die Entwicklung des Himmelreiches Gottes in sich zu tun. So verhält es sich auch beim Schenken: Radikal ausgedrückt muss man dem Beschenkten die Gelegenheit zum Dank nehmen. Das geschieht, indem man schenkt, ohne merken zu lassen, von wem es kommt. Dann erst ist es eine echte Überraschung und ein wahres Geschenk – eines, das nicht für uns, sondern wirklich für den anderen da ist und diesem das Gefühl erspart, in unserer Schuld zu stehen.

Das modernere Motto »Tue Gutes und sprich darüber« bringt Beschenkte und Geber in eine gleichermaßen schwierigere und weniger be*friedigen*de Situation. Wohingegen selbstloses Schenken, von dem nur der Geber weiß, die Seele erleichtert und beflügelt und den Beschenkten erhebt, denn letztlich kommt es dann vom Himmel oder eben aus dem Himmelreich Gottes, das im Innern liegt. So macht Schenken noch reicher und Beschenktwerden noch froher und leichter.

Innerliches Beten, Meditieren und heimliches Schenken wären demnach wundervolle Einlösungen für das Neptunprinzip und möglicherweise wichtige Punkte für die Liste.

Lebensprinzip: Neptun (Selbstlosigkeit).

Zu guter Letzt: inspirierende Pilgerziele und (Seelen-)Wanderrouten

Ich hoffe, Sie sind bereits hoch motiviert, Ihr Leben wirklich auszukosten – und dabei Ihren ureigenen Vorstellungen und Bedürfnissen zu folgen.

Beim ersten Vorschlag für Ihre persönliche *Liste vor der Kiste* ging es bereits darum, das Leben als Pilgerreise zu begreifen. Wenn Sie sich nun auf Ihren eigenen Weg machen wollen, könnte solch eine innere oder äußere Reise einen wunderbaren Auftakt bilden. Hierzu gibt es eine Fülle von Möglichkeiten, und es gilt nur, Ihre Wahl zu treffen. In jedem Fall ist es gut, wenn sowohl die Route als auch das Ziel solch einer Pilgerreise Sie herausfordern und ansprechen, etwas in Ihnen auslösen und anklingen lassen.

Der Jakobsweg als Prototyp der Pilgerreise

Wie zu alten Zeiten ist der Jakobsweg heute wieder die Pilgerfahrt schlechthin und keineswegs nur für Katholiken. Seit Shirley MacLane, Paulo Coelho und Hape Kerkeling hier unterwegs waren und Bücher darüber geschrieben haben, machen sich Millionen Menschen verschiedenster religiöser Herkunft wieder auf den Weg nach Santiago di Compostela.

Vor Jahrzehnten, als ich hier mit meiner Freundin pilgerte, waren wir allein; kein Hospiz war offen, der Weg komplett verlassen. Dass er heute wieder so stark frequentiert wird, ist ein gutes Zeichen für den Wandel der Zeiten. Zahlreiche Menschen sind inzwischen wieder zu Suchenden geworden und zeigen es auch offen, sich mit jedem Schritt bekennend zur Reise zu sich selbst. Santiago könnte einen Punkt auf der Liste bekommen als klassische Pilgerfahrt – heute auch fast ohne religiöse Einbindung, mit ihr natürlich umso mehr.

Lebensprinzip: Jupiter (äußere und innere Pilgerreisen).

Jerusalem – heilige Licht- und Schattenstadt

In Jerusalem kulminiert die Energie dreier Weltreligionen. Hier beginnt die Geschichte des Judentums und damit unser Altes Testament. Hier hat unsere (schwierige) Vergangenheit ihre Wurzeln, aber auch unser Neues Testament und sein herausfordernder neuer Glaube und damit unsere Zukunft. Außerdem hat der Islam, neben Judentum und Christentum die dritte große monotheistische Religion, im Felsendom seinen besonderen Ort der Kraft.

Ein früherer Weggefährte von mir auf Kreuzfahrten, der ehemalige Skiweltmeister David Zwilling, hat sich auf den langen Weg dorthin gemacht und ging mit Freunden die ganze Strecke von Oberösterreich bis nach Israel zu Fuß, rund 4500 Kilometer. Das verändert einen Menschen natürlich, so auch ihn, und daraus ist eine Art Pilgerbewegung in Österreich entstanden, die seitdem einige und einiges in Bewegung bringt.

Jerusalem ist auch energetisch ungemein anspruchsvoll für alle, die sich auf diesen Ort einlassen. Nicht umsonst ist es eine gespaltene und in der Geschichte so häufig umkämpfte Stadt. Es gehört zum alten Israel, zum neuen erst durch eine politische (illegale) Annexion nach gewonnenem Krieg. So ist hier eine starke und polare Energie auf verschiedenen Ebenen spürbar, die ich bei jedem meiner Besuche als mehr oder weniger herausfordernd wahrnahm. Als der frühere israelische Präsident Sharon die letzte Intifada ziemlich vorsätzlich auslöste, um an die Macht zu kommen, waren wir »zufällig« mit einer großen Gruppe Kreuzfahrer der neuen Art in Jerusalem und erlebten, wie nah die kriegerische Energie hier unter der Oberfläche lauert und wie rasch sie explodiert. Schüsse in der heiligen Stadt gehen ziemlich unter die Haut und treffen immer.

Das Politische ist aber nur Abbild des Seelischen. Tatsächlich ist auch das Neue Testament noch voller Sprengstoff, das immerhin die mosaischen Gebote so verschärft, dass kaum jemand ihnen folgen kann. Orthodoxe Juden versuchen die Zehn Gebote Mose wenigstens dem Buchstaben nach einzuhalten und provozieren wohl allein damit schon viele Christen, die dies – mit schlechtem Gewissen – aufgegeben haben. Jedenfalls gibt es in der Psychiatrie Jerusalems extra eine Abteilung für »durchgeknallte« Pilger, vor allem Christen, die sich für Christus halten auf eine Art, die zeigt, wie sehr sie Seinen Auftrag, das Himmelreich Gottes in sich zu verwirklichen, missverstanden haben. Zumindest liegen hier meist schwere Verwechslungen der Ebenen vor, mit denen sich jüdische Psychiater nach allen Regeln der (modernen Drogen-)Kunst herumschlagen. Pilgern hat also – wie alles – auch Schattenseiten, die an solch »geladenen« Orten wie Jerusalem besonders deutlich werden.

Wo man sich begegnen kann, sind auch die Begegnung mit dem Schattenprinzip und die Erfahrung eigenen Schattens möglich. Das beginnt mit schmerzenden Beinen und Blasen an den Füßen und kann und soll natürlich tiefer gehen. Das Abenteuer deshalb nicht zu wagen, entspricht dem (gut-)bürgerlichen Missverständnis gegenüber dem Leben. Nicht es zu überstehen, ist das Ziel, sondern sich zu dem Menschen zu entwickeln, der man ist. In der Tiefe der Gefahr kommen auch die Energie und Kraft, die in der Seele vergraben liegen, zum Vorschein. Es tritt auch die Lichtseite des Lebens hervor, wenn wir uns ihr bewusst, achtsam und respektvoll nähern und nicht zu lange zu viel verdrängen.

Nicht gelebte Seelenenergie ist immer auf dem Sprung hervorzubrechen. Da ist es mehr als Gold wert, ihr freiwillig entgegenzugehen und sie wieder ins Leben einzuladen. Insofern ist Jerusalem das ideale Ziel für eine dem Schatten gegenüber besonders offene Pilgerfahrt. Wohl nirgendwo sonst liegen Licht und Schatten und damit das Plutoprinzip so nahe.

Schon der Ausdruck heiliger Krieg lässt die beiden Seiten von Pluto durchscheinen. Als innerseelische Auseinandersetzung kennt jede Religion diese Erfahrung, im biblischen Sinne etwa das Ringen mit dem Engel. Im Islam den Dschihad (arab. Anstrengung, Kampf, Bemühung) als Bürgerkrieg auszutragen, ist auch eine dieser Verwechslungen der Ebenen und ein schreckliches Missverständnis, das aber in Jerusalem (s)einen Platz gefunden hat.

Lebensprinzip: Pluto (Licht und Schatten).

Lourdes und andere Pilgerstätten der Heilung

Pilgerreisen unterstehen grundsätzlich dem Jupiterprinzip, das auf Wachstum und Sinnfindung zielt; sie haben aber noch »Obertöne« – zum Beispiel das Neptunprinzip, wenn vor allem nach Heilung gesucht wird.

Bei der Heilungssuche für Körper und Seele ist zuvorderst an Lourdes zu denken, wo bis heute viele Heilungen geschehen, die nicht nur an Wunder grenzen, sondern diese Grenze auch deutlich überschreiten. Jedenfalls haben die hier geschehenen Wunder in der Regel mehr Bestand als die mittels »Quantenheilung« in der Esoterikszene bewirkten. Aber möglich ist alles, wenn Menschen in den Augenblick des Hier und Jetzt eintauchen. Die Frage ist nur, wie man sie – und sich selbst – dazu bringt.

Dahinzugehen ist zwar auch ein Weg und Heil(ung) letztlich immer das Ziel, aber wenn akute Krankheitsbilder im Vordergrund stehen, wollen wir schnell gesund werden und Leiden abschütteln. In solch einem Fall ist Lourdes ein bewährtes Pilgerziel, weil hier über viele Jahrzehnte ein (Bewusstseins-)Feld für Heilung entstanden ist.

Viele spirituell Suchende zieht es auch nach Brasilien zum Geistheiler João de Deus (wörtlich: Johannes von Gott). Manche mag schon sein Name verschrecken, aber schließlich sind wir alle Kinder Gottes, und hier bekennt sich jemand ganz offen dazu, der viele Wunder und Heilungen vorzuweisen hat, die ihm enormen Zulauf sichern. Doch selbst hier geschehen die Wunder nicht am

Fließband und lassen sich auch nicht erzwingen, wie ich von einigen weiß, die diesem Weg folgten.

Ich selbst habe philippinische Geist-Chirurgen kennen- und einige auch schätzen gelernt. Menschen, die mit diesem Ziel auf die Philippinen pilgerten – eine Gruppe begleitete ich für einige Zeit –, standen meist bereits auf der Schwelle zum Tod. Falls sie ohne eigenes Engagement ein Wunder von außen durch den Heiler erwarteten, trat das nach meinen Erfahrungen nicht ein. Sobald sie sich aber innerlich einer anderen Welt öffneten und fest daran glaubten, erlebte der immer noch als Spaltpersönlichkeit in mir jederzeit abrufbare Schulmediziner einige völlig unerklärliche Phänomene.

Wunder lassen sich allerdings nie machen, sondern nur erleben, wenn wir sie zulassen. Dafür tun Heiler einiges. Die Integren unter ihnen wollen in aller Regel jenen Glauben, der Berge versetzen und eben auch Wunder wirken kann, in uns wachrufen und manchmal sogar wachrütteln. Schulmedizinisch betrachtet sind ihre Aktionen oft unsinnig. Wenn der Zuckerpatientin am Bauchnabel Zuckerwasser abgezapft wird, entspricht das der Vorstellung des Geistheilers, der nebenberuflich Reisbauer ist. Wo das Wasser herkam, und wie er es aus ihrem Bauch fließen ließ, blieb ein wundervolles Rätsel – und ein an sich sinnloses Phänomen. Es sei denn, es erweckte den Berge bewegenden Glauben.

Lebensprinzip: Neptun (Wunder-Heilung).

Die Schwarze Madonna von Chartres, Altötting oder Einsiedeln

Wie lang der äußere Weg ist, scheint weniger entscheidend zu sein als die innere Einstellung dabei. *Man* und besonders *frau* könnten sich etwa nach Chartres, Altötting oder Einsiedeln wenden, wenn sie sich zu der Schwarzen Madonna gerufen fühlen. Hier ist das dunkle Weibliche, die große Kraft des weiblichen Schattens, schon im Ziel erkennbar, und stets ist der Schatten unser größter Schatz. Ansonsten ist für orthodoxe Katholiken der Sinn der Schwarzen Madonna nicht leicht zu erklären und ihre große Verehrung schwer zu begründen.

Mich persönlich haben die Besuche bei einer Schwarzen Madonna immer bewegt, und wenn ich dort für meine Tochter Kerzen anzünde, geht auch mir manchmal ein Licht auf. An den Orten, wo die Schwarze Madonna wohnt, spielt sicher die Energie der lange verehrten Großen Göttin herein, die für das sie offensiv verdrängende Christentum schließlich dunkle Züge annahm; jedenfalls lebte sie immer und überall weiter. Hier verschmolz das Prinzip der mondigen Gottesmutter Maria, deren Fuß oft auf der Mondsichel stehend abgebildet wird, mit den dunklen Schatten des Plutoprinzips, dem die tiefsten Erfahrungen und Wunderheilungen zuzuschreiben sind, wenn etwa Todgeweihte wie Phönix aus der Asche ins Leben zurückfinden.

Lebensprinzip: Mond und Pluto (Kreislauf des Lebens).

Die Begegnung mit der Großen (Mutter) Göttin

Die Hindus kennen einhundertacht Erscheinungsformen der göttlichen Mutter. Auch in unserer Kultur ist sie vielfach erschienen und wird an einigen Pilgerstätten verehrt. So könnten sich Suchende nicht nur nach Lourdes, sondern auch nach Fátima in Portugal oder Medjugorje in Bosnien-Herzegowina auf Wanderschaft begeben. Da die meisten Besucher dort mit Bussen anreisen, wären entsprechende Pilgerwanderrouten selbst zu suchen; sie sind daher ganz individuell und meist auch wundervoll einsam. Medjugorje ist seit 2013 Katholiken zwar offiziell verboten, aber Zehntausende stört das nicht weiter. Auch die Madonna von Medellín, die vor vielen Zeugen mitten im Drogenreich des gleichnamigen Kartells blutige Tränen geweint hat, wird seitdem von vielen verehrt und besucht.

Das Weibliche, die dem organisierten patriarchalischen Christentum so verdächtige andere Hälfte der Wirklichkeit, blieb der Bevölkerung immer ein zentrales Anliegen, und bis heute brennen vor den Altären der Madonna mehr Kerzen als selbst vor denen von Christus. Tatsächlich wurde Maria erst in den Fünfzigerjahren des letzten Jahrhunderts offiziell in den Himmel erhoben. Die Bevölkerung hat das für sich schon lange vorher besorgt, so wie sie Hildegard von Bingen, jene heilende Äbtissin, die in ihrem Kloster die Nonnen in bunten Kleidern zum Tanz animierte, schon längst heiliggesprochen hatte, bevor es die Kurie 2012 klammheimlich offiziell nachholte.

Das sichere Gefühl für das heilend Heilige ist in den Herzen immer lebendig geblieben, und wer sich auf die Suche danach macht, wird es finden – natürlich wieder im Herzen, aber gut auch auf dem Pilgerweg zu einer der Stätten, wo es sich bis in die äußere Wirklichkeit durchsetzte. So wenden sich viele Menschen Hilfe suchend zuerst einmal eher an die Große (Gottes-)Mutter, die in ihrem Verständnis und Mitgefühl dem Mondprinzip entspricht, als an Gott oder den Papst. Pilgerreisen zur (Schwarzen oder Weißen) Madonna sind *wunder*volle Gelegenheiten, dem eigenen weiblichen Seelenanteil in jeder Hinsicht Schritt für Schritt näherzukommen, der so sehr nach Anerkennung und Verwirklichung in dieser Welt verlangt.

Lebensprinzip: Mond (bedingungslose mütterliche Liebe).

Auf den Spuren des heiligen Franz von Assisi

Inzwischen pilgern auch wieder viele nach Rom, seit dort Papst Franziskus Zeichen setzt und Hinweise gibt, er könne tatsächlich auch innerlich dem ersten Franziskus nachfolgen. Immerhin wäscht er lieber Strafgefangenen die Füße, als mit übernommenem klerikalem Hofstaat und Eminenzen zu dinieren. Mitten auf dem Petersdom zelebriert er Rituale für die Gläubigen und macht seinem Namensgeber alle Ehre, wenn er bescheiden und für sie ganz unerwartet einfachen Gläubigen in den Kirchen Roms begegnet.

Man stelle sich nur vor, er würde neben den Flüchtlingen und Gefangenen, neben den Kindern und Hilfsbedürftigen auch Frauen und mit ihnen den weiblichen Pol für seine Kirche wiederentdecken, was für eine Energie würde weltweit freigesetzt! Eine Schattentherapie gewaltiger Art könnte sich entwickeln – und tatsächlich ginge es »nur« um Wiederentdeckung. Die Kirche könnte wieder zur Mutterkirche werden und all ihre Kinder aufnehmen. Alles, was von Anbeginn, als Christus mit Maria Magdalena im Heiligen Land unterwegs war, an Energie verdrängt und an Trieben unterdrückt wurde und sich – etwa in der Inquisition – so oft und so grauenhaft gegen den weiblichen Pol entlud, könnte zurückgewonnen und dem Leben zugeführt werden.

Es gäbe außerdem noch andere Schattenkinder, die auf Wiederaufnahme hoffen. Wunderschön hat Franziskus auch hier schon Zeichen gesetzt, als er seine ganze Kurien-Regierung entließ, weil er etwas gegen den schwulen Lobbyismus habe, aber ausdrücklich nichts gegen Schwule. So dürfen elf Prozent der Weltbevölkerung nun hoffen, im Schoß der Kirche dieses Papstes wieder eine Heimat zu finden.

Falls er noch die Liebe seines Namenspatrons zu allen fühlenden Wesen, also auch den Tieren, entdecken könnte, wäre sein Vatikan mir jede Pilgerreise wert. Stellen wir uns vor, er würde 1,2 Milliarden Katholiken aufrütteln und zu pflanzlich-vollwertiger Ernährung bekehren zum Schutz des Lebens. So viele könnten genesen und anderen mit gutem Beispiel vorangehen. Man denke nur an Millionen in den Hungerländern, die wieder satt würden; an Kinder, die nicht sterben müssten, weil die Tiere der Reichen ihnen die Nahrung wegfressen; an das Aufatmen von Mutter Erde, wenn die Umwelt sich mit dem Verschwinden der Massentierhaltung erholte, und an all die Milliarden Tiere, die verschont blieben. Eine wahrhaft große Aufgabe, eines wirklich großen Papstes würdig, und ich bin mir völlig sicher, dass dann nicht nur Zeichen, sondern auch Wunder geschehen würden. Doch dazu müsste er über persönliche Schatten springen, denn er soll gern Schnitzel essen. Andererseits er hat schon viele Tabus gebrochen und persönliche Zeichen gesetzt, etwa als er den Einzug in die päpstlichen Gemächer ablehnte und bis heute im Gästezimmer des Vatikan blieb. Was kann das anderes bedeuten, als dass er sich als Gast auf dieser Erde fühlt, wie wir es alle sind und es auch wahr- und wichtig nehmen könnten.

Bis sich Rom entsprechend weiterentwickelt und zum neuen Pilgerziel wird, ließe sich tatsächlich auch wundervoll auf den Spuren des heiligen Franz in sein Assisi pilgern, unter seinem besonderen Kreuz beten oder die Reliquie seiner Gefährtin, der heiligen Klara, besuchen sowie die kleine Kirche San Damiano, die er mit eigenen Händen wiederaufgebaut hat, ganz abgesehen von den wundervollen Wanderwegen der Gegend. Wer sich wie ich in jungen Jahren auch nur eine Woche Zeit nimmt, auf den Spuren des heiligen Franz zu wandern und (sich) zu wandeln, wird sich dabei verändern und mehr zu Ihm und sich finden – und vielleicht nachempfinden können, warum er mit Abstand mein Lieblingsheiliger ist. Das wäre auch die ideale Pilgerfahrt für Veganer, die schon ein gutes Stück seinem Muster folgen. Und jeder könnte für sich dabei ein großes Wunder im persönlichen Stil erleben. Hier sein Gebet aus der Basilika San Francesco in Assisi:

Herr, mach mich zu einem Werkzeug deines Friedens:
Dass ich Liebe bringe, wo man sich hasst.
Dass ich Versöhnung bringe, wo man sich kränkt.
Dass ich Einigkeit bringe, wo Zwietracht ist.
Dass ich den Glauben bringe, wo Zweifel quält.
Dass ich die Wahrheit bringe, wo Irrtum herrscht.
Dass ich die Hoffnung bringe, wo Verzweiflung droht.
Dass ich Freude bringe, wo Finsternis waltet.
O Meister.
Hilf mir, dass ich nicht danach verlange:
Getröstet zu werden, sondern zu trösten.
Verstanden zu werden, sondern zu verstehen.
Geliebt zu werden, sondern zu lieben.
Denn:
Wer gibt, der empfängt.
Wer verzeiht, dem wird verziehen.
Wer stirbt, der wird dem ewigen Leben geboren.
Amen.

Lebensprinzip: Neptun (Mitgefühl mit allen lebenden Wesen).

Pilgerfahrten jenseits der Grenzen unserer Kultur

Ein ungemein eindrucksvoller Platz ist das heute mitten in der islamischen Welt Javas gelegene ehemalige buddhistische Heiligtum Borobudur: ein ganzer Berg als Mandala aus lauter faszinierenden, aus Vulkanstein gehauenen Buddhastatuen. Es ist auch zugleich der Ort, um Ausstrahlung und Kraft des Mandalas zu erleben.

Als Mandalaberg ist Bordobudur ein Sonnenort und dabei in seiner buddhistischen Einfachheit und Strenge mit den schwarzen Buddhafiguren auch dem Saturnprinzip nahe. Wer also dem Buddha-Bewusstsein nahekommen will, kann hierherpilgern, nicht nur ins nordindische Bodhgaya zu jenem Bodhibaum beziehungsweise seinen Ablegern, wo Siddhartha Gautama Erleuchtung fand, oder zu seinem Geburtsort Lumbini in Nepal.

Auch ganz Thailand ist voller buddhistischer Heiligtümer, die durch den Kult lebendig gehalten werden. Allein in Bangkok gibt es viele riesige, weit über lebensgroße liegende und stehende Buddhas aus Stein und Gold.

Hinduistische Tempel in ganz Indien ließen sich ebenfalls als Ziel wählen, aber auch die besonders schönen Hinduheiligtümer in Bali wie Pura Thana Lot, der direkt am Meer gelegene Tempel.

Das indische Varanasi, auch Benares genannt, wo die Brahmanen bis heute ihre Lebensreise beschließen, zählt zu den großen Pilgerzielen. Hier kann man miterleben, wie sie an den Uferterrassen des Ganges ihr Körperhaus den vorzugsweise sandelholzgespeisten Flammen übergeben lassen von denjenigen, die nach ihnen kommen. Eine Pilgerreise an diesen Ort bewussten Sterbens bringt Saturn ins Spiel (des ausklingenden Lebens).

Der heilige Schrein der Sikhs in Amritsar im indischen Punjab – vergoldet und mitten in einem See gelegen – könnte ein faszinierend schönes Ziel sein. Wie die Sikhs überall in Indien durch ihre Lebensart beeindrucken, strahlt auch ihr zentraler Tempel etwas Besonderes aus. Der Tempel im See verbindet mit seinem Gold und als Zentrum einer Religion das Sonnen- mit dem Mondprinzip.

Auf Mirra Alfassa, genannt »Mutter« und spirituelle Gefährtin von Sri Aurobindo, geht in Indien der Bau des Matrimandir zurück. Dieser Tempel bildet das Zentrum von Auroville, der »Stadt des zukünftigen Menschen«. Auf westliche Menschen, die Auroville bis heute wesentlich prägen, übt er eine besondere Anziehung aus. Hier – so die Idee der aus Frankreich stammenden »Mutter«, die ihrerseits wieder vom Integralen Yoga geprägt war, den ihr Gefährte Sri Aurobindo lehrte, sollten Menschen aller Kulturen und Religionen ein gemeinsames Zuhause finden in einer auf spirituelle, aber religionsfreie Entwicklung gegründeten Gemeinschaft von Freunden. Dieser dem Uranusprinzip verpflichtete Gedanke ist bis heute zu spüren.

Der Matrimandir und der ihn umgebende Park der Stadt des Zukunftsmenschen sind wunderschön. Wer im Tempel meditieren will, darf nicht einfach und respektlos hineinspazieren, sondern muss sich das verdienen durch schrittweisen Besuch verschiedener Einweisungen und die Annäherung über den umgebenden Park. Im weißen Zentrum wird er dann mit der für meine westlichen

Augen schönsten, klarsten und beeindruckendsten Tempelarchitektur belohnt. Sie entspringt einer Vision der »Mutter«. Hier umfängt den Besucher die Atmosphäre des Venusprinzips mit einem Einschlag von Saturn durch dessen Einfachheit und Klarheit. Dringt man allerdings tiefer in die Philosophie der internationalen Begegnungsstätte ein und lernt ihre Bewohner kennen, findet man neben vielen beeindruckenden Menschen auch einen geistigen Kleinstadtcharakter, der der Stadt des Zukunftsmenschen den Spiegel vorhält, in dem sich ein verblüffend kleinkarierter, weitgehend unbearbeiteter Schatten zeigt. Dieser erklärt auch den Streit, der die Entwicklung von Auroville mitgeprägt hat und jedem Urprinzipienkundigen angesichts so viel Venus bei Bauten und Gärten den Gegenpol in Gestalt des unerlösten Mars ins Bewusstsein ruft. Wer also Venus sehen und spüren will und erleben möchte, wie wichtig der Liebesgöttin ihr Gegenpol und Schatten Mars ist, der Vater ihrer Kinder Eros und Harmonia, Phobos und Daimos, der könnte nach Auroville pilgern. Wer sich nicht mit den lichten Seiten dieses wichtigen Götter- und Prinzipiengespanns einlässt und aussöhnt, dargestellt von Eros und Harmonia, der muss mit Phobos und Daimos rechnen.

Vom Bauwerk beeindruckend ist auch im südindischen Chennai der zentrale Tempel von Golden City, dem Zentrum von Bhagavan und der Deeksha-Bewegung. Diese kam – nachdem ich dort 2007 noch eine sehr schöne Zeit erlebt hatte – schon bald vor allem wegen inneren Zwistes ins Gerede. Der unbearbeitete Schatten machte einer schönen Idee im Handumdrehen den Garaus, und eine Spaltung brachte die Dynamik der Bewegung komplett zum

Stillstand. Es blieb ein großartiger Bau zurück, in dessen Mitte eine riesige Halle Tausenden von Meditierenden Platz bietet.

Der Schatten, das mögen die letzten beiden Pilgerziele verdeutlichen, ist der stete Begleiter besonders idealistischer Projekte, und er ist – natürlich – auf jeder Pilgerreise mit dabei. Auch wer sich einem spirituellen Zentrum anschließen oder selbst eines gründen will, ist gut beraten, die Schattengeschichten seiner Vorgänger zu studieren. Dafür wäre Golden City tatsächlich ein Ziel.

Die klassische, allen Muslimen auferlegte Pilgerfahrt nach Mekka (Haddsch) ist diesen vorbehalten. Aber es gibt viele islamische Heiligtümer, die Besuchern anderer Religionen offenstehen. So habe ich vor Jahrzehnten auf den Spuren von Reshad Feild (*Ich ging den Weg des Derwisch*) eine Reise nach Konya zu einem Sufi-Sheikh unternommen, die einiges in mir in Bewegung brachte, und nicht nur, weil wir den Zikr der Derwische, den mystischen Kreistanz, üben und erleben durften. Solche Ziele und Reisen sind wie die Seelen natürlich nicht konfessionell gebunden.

Lebensprinzip: Jupiter (das Leben als Pilgerschaft).

Orte unsterblicher Liebe

Das Taj Mahal, eine Mischung aus Moschee und Mausoleum, stammt aus der indischen Mogulzeit und hat bis heute viele Menschen berührt und bewegt. Millionen besuchen es als bauliches und künstlerisches Meisterwerk, was es zweifellos ist, aber es wäre auch eine Reise wert wegen seines inhaltlichen Bezuges und der Tiefe hier möglichen Erlebens. Wer mit einem geliebten Partner diesen Todes- und Liebestempel erlebt, den der Mogul zum Abschied seiner über alles geliebten Frau bauen ließ, wird nachfühlen können, was auch abendländische Künstler immer wieder am Motiv des Todes und der Liebe faszinierte; mit beiden Themen ist so viel verbunden. Wenn der Tod der Liebe begegnet, ist besonders viel Energie zum Erwachen im Spiel des Lebens. Die alte Liebeskunst des tantrischen Buddhismus oder der chinesischen und indischen Tradition mag es andeuten. Beim Tod wird dieses Potenzial auch den Menschen unserer Kultur allmählich wieder bewusst; bei der Liebe scheut die Mehrheit diese Erkenntnis noch.

Eine Pilgerfahrt zum Taj Mahal ist auf der Ebene der Lebensprinzipien eine Begegnung mit Venus in der Schönheit der Architektur zur Ehrung einer großen Liebe und mit Saturn durch das Thema Sterben (eines geliebten Menschen) und in der Bestimmung des Bauwerks als Grabmal. Bei einem Besuch ganz früh am Morgen oder wenn man bis kurz vor Schließung bleibt, kommt letzteres Prinzip noch mehr zum Tragen, und wir werden trotz der Touristenmassen, die tagaus, tagein hindurchwandern, eine große berührende Stille erleben.

Die indischen Liebestempel in Khajuraho sind ebenfalls ein gutes Ziel für eine Pilgerreise im Zeichen von Venus. In ungezählten Plastiken wird dort die körperliche Liebe in allen möglichen Stellungen abgebildet und verherrlicht. Wer einen Zugang zur Erotik sucht, könnte – am besten natürlich als Paar – eine Reise nach Khajuraho zum Anlass nehmen, sich tiefer auf dieses im wahrsten Sinne des Wortes *wunder*volle Thema einzulassen und das Lebensprinzip der Aphrodite-Venus zu genießen.

Im Übrigen könnte es ein erfüllender Punkt der Liste sein, einmal ein ganztägiges Liebesfest zu feiern: einen Tag von morgens bis nachts der Erotik und Liebeskunst widmen, vielleicht sich auch eine Tantra-Massage gönnen oder ein entsprechendes Seminar besuchen. Die Tempelanlage von Khajuraho ist für solche Suchenden wie ein offenes (Tantra-)Buch und kann die Fantasie und die Lust in vieler Hinsicht anregen und vielleicht sogar beflügeln.

Für Liebende und frisch Verliebte ist Verona als Heimatstadt von Romeo und Julia eine Pilgerreise wert. Ein Besuch jener Mauer, in deren Nischen unglücklich Verliebte ihre Wunschzettel stecken, könnte zu Hoffnung anregen oder auch zu Dankbarkeit für die Zeit, in der wir l(i)eben dürfen, wie wir wollen, frei von Barrieren, die Romeo und Julia und die Menschen ihrer Zeit einschränkten und über die sich die beiden großen Liebenden hinwegsetzten, indem sie ins Reich von Thanatos, des Todesgottes, flüchteten, um sich ihrer unsterblichen Liebe ganz zu ergeben. Wir können hier erleben, wie die unsterbliche Liebe die beiden Lebensprinzipien Saturn und Venus wieder zusammenbringt.

Persönlich habe ich auf einer Lust- und Liebesreise in der Kirche San Zeno in Verona solch einen Impuls des Schicksals erlebt. Meine Freundin Margit und ich waren frisch verliebt in meinem Wohnmobil namens Sinti auf unserer ersten Reise in Italien unterwegs und hatten uns, wie so oft, zum Meditieren in die kühle Ruhe einer Kirche zurückgezogen. Als ich in tiefer Meditation plötzlich das *Ave Maria* hörte, berührte es mich anders als gewohnt, und als ich blinzelnd aus meiner Versenkung auftauchte, waren wir von einer Hochzeitsgesellschaft eingekreist, ja geradezu umzingelt.

Sanft verständigten wir uns mit einem Blick: »Bloß weg, hier wird geheiratet.« Nichts hätte uns, beide Scheidungskinder und Hippies, ferner gelegen, als sich so zu binden. Und in der Vergangenheit hatte ich das Thema Heirat mit anderen Freundinnen öfter als bedrängend erlebt und abgewehrt. Doch kaum im Wohnmobil angekommen, machte ich Margit – auch für mich unerwartet – einen Heiratsantrag, den sie sogar annahm, was unser beider Leben für ein Vierteljahrhundert auf den Kopf stellte und bereicherte, obwohl wir fünfundzwanzig Jahre später beide wieder zur Erkenntnis der frühen Hippiejahre und in die Freiheit zurückfanden. Bis heute weiß ich nicht recht, wie uns geschehen war. Verona und speziell die Kirche San Zeno kann ich also für eine Liebesreise und als Punkt auf der Liste empfehlen. Hier hat Venus wohl immer noch ihr Feld.

Eros kann uns bei solchen Pilgerfahrten wahrscheinlich am schönsten beflügeln und die Seele mit seiner Liebe auf ekstatische Reisen schicken. Verliebte heben nicht selten in den siebten Himmel ab, können von Luft und Liebe leben und Gott und die Welt umarmen. Sie verbinden sich mit dem Prinzip der Venus und damit der Sinnlichkeit und Sinnenfreude, und über Eros-Amor, den Sohn von Venus, kommt auch noch dessen Vater Mars und damit der Gegenpol ins Spiel (des Lebens).

Lebensprinzip: Venus (Liebe).

Eigene Flügel entfalten und auf Seelenreise gehen: Atem

Eros ist ein geflügelter Gott wie auch Thanatos, der Gott des Todes, sein Bruder Hypnos, Gott des Schlafes, und natürlich Hermes-Merkur, der Götterbote. Alle geflügelten Gottheiten sind besonders geeignet, unserer Seele Flügel wachsen zu lassen beziehungsweise die vorhandenen zu beleben. Merkur, der geflügelte Götterbote, kann nicht nur verbinden und beflügeln, sondern uns auch mit Lebensenergie geradezu überschwemmen. Wer sich unter seine Fittiche begibt und etwa auf eine Reise mit dem Verbundenen Atem geht, für den wird das deutlich und faszinierend spürbar. So empfehle ich, einmal auf den Schwingen des eigenen Atems auf Seelenreise zu gehen.

Tatsächlich ist ja der Seelenvogel in unserer Brust körperlich abgebildet – als Herz mit Flügeln. Unsere Lungenflügel können in wundervoller Weise dem Herzen zu Flügeln werden und es so im wahrsten Sinne des Wortes beflügeln. Wenn sie im Verbund den Seelenvogel abbilden, wie er sich weit über die Welt des Alltags hinaus zum Himmel erhebt, kann sich der Vorhang vor einem ganz anderen Leben *lüft*en, und wir spüren das Luftelement und Hermes-Merkur, den geflügelten Götterboten, der uns deren Nachrichten überbringt. Und nicht zufällig tragen die Götter in der antiken Welt die Namen der Lebensprinzipien. Auf (Pilger-)Reisen mit dem Verbundenen Atem werden sie einem begegnen, und sogar in der Reihenfolge, wie sie gerade anstehen. Wir brauchen dazu nur verbunden zu atmen und uns von Prana, der Lebensenergie, überschwemmen zu lassen. Sie wird herausspülen, was herauswill, und sich zeigen, wenn wir den Atemwind durch uns hindurchwehen lassen. Der »*Wind of change*«, der frische Wind der Veränderung, von den Scorpions besungen, kann auch uns jederzeit wandeln.

Lebensprinzip: Zwillinge-Merkur (Atem und Seelenhauch).

Ausflüge in die Seele-Bilder-Welt: heilige Pflanzen

Beflügelt von der Liebe können Menschen Unglaubliches schaffen und erleben; sie können – wie Romeo und Julia – sogar die Angst vor dem Tod überwinden. Heute wissen wir, dass die Empfindungen und Gefühle der Liebe von einer Fülle hormoneller Veränderungen begleitet sind. Die Liebe ist der Auslöser, und die Hormondrüsen führen sie aus. In *Mythos Erotik* habe ich das – hoffentlich ohne die Romantik zu beschädigen – wissenschaftlich biochemisch beschrieben.

Ähnliches ist inzwischen von den Wirkungen jener heiligen Pflanzen bekannt, mit denen Schamanen überall auf der Welt Reisen in die Seelen-Bilder-Welt ermöglichen. In unserer Zeit, die den Bezug zur Suche weitgehend verloren hat, wurden solche Rituale und ihre Drogen häufig zu profaneren Zwecken missbraucht. Die Bürgerwelt reagierte naiv mit einem fast generellen Verbot all dessen, was sie nie verstanden hatte und an das sie sich nicht gewöhnen wollte – während sie Alkohol und Nikotin toleriert, zwei aus ärztlicher Sicht in ihrer Wirkung bei Weitem sehr viel schädlichere Drogen. Das Verbot bewusstseinserweiternder Drogen ist im Wesentlichen ein Missverständnis. Es ist, als würde man die geschlechtliche Liebe verbieten, weil es Vergewaltigungen gibt, oder das Auftauchen von Falschgeld zum Anlass nehmen, echtes Geld zu verbieten.

Abgesehen davon, dass der Krieg gegen Drogen auf der ganzen Linie scheitern musste und zu einer mindestens so schrecklichen Schattengeschichte verkommen ist wie der Drogenmissbrauch – der damit im Übrigen keineswegs eingedämmt wurde –, gibt es bei psychedelischen Drogen wie Psylocybin, Meskalin oder LSD gar keine Suchtgefährdung. Demgegenüber stehen die Millionen von Menschen, die süchtig nach Nikotin, Alkohol oder Medikamenten, das heißt medizinischen Drogen, sind.

Erwähnt sei auch, dass Aldous Huxley Meskalin genommen hat, um *Schöne neue Welt* zu schreiben, Marion Zimmer-Bradley LSD, um die *Nebel von Avalon* zu Papier zu bringen. Wir sollten also das Thema neu überdenken und uns auch klarmachen, dass die in hohen Ehren gehaltenen eleusinischen Mysterienkulte der Antike nicht nur, aber doch wesentlich auf der Wirkung des Mutterkorns beruhten. Aus diesem hat der Schweizer Chemiker Albert Hofmann ein Alkaloid, Lysergsäurediäthylamid (kurz LSD), extrahiert. Er nannte es sein »Sorgenkind«, und die Beatles sangen dazu *Lucy in the Sky with Diamonds.*

Folgende Geschichte, die ich vor einigen Jahren bei meinen letzten Basler Psi-Tagen miterlebte, mögen diese in manchen Augen vielleicht anstößige Vorrede erläutern: Albert Hofmann, zu seinem einhundertsten Geburtstag zum Vortrag über seine Entdeckung LSD geladen, stand als ebenso rüstiger wie würdevoller Greis keineswegs gebrechlich auf der Bühne und bezauberte mit (s)einer Mischung aus Wissenschaft und Humanismus. Er sprach poetisch und berührend von seinem Leben und seinem »Sorgenkind«, das ihm, wie bei diesen Kindern üblich, besonders an Herz gewachsen war. Später antwortete er im kleineren Kreis auf die Frage, wie viele LSD-Trips er selbst genommen habe, sehr charmant und entwaffnend ehrlich: »Solange es erlaubt war, sicher hundert.« Und es war damals nicht lange erlaubt gewesen. Auf die etwas erschreckte Reaktion der Zuhörer entgegnete er, sein Freund Ernst Jünger habe aber viel mehr genommen, und dieser für seinen Beitrag zur deutschen Literatur international bekannte Schriftsteller war zu jener Zeit einhundertvier Jahre alt. Die von der angstgesteuerten bürgerlichen Verbotspolitik geprägten Anwesenden waren ziemlich schockiert, denn hier ging es um zwei renommierte, verehrte Persönlichkeiten, beide hochbetagt und dabei ausgesprochen vital und gesund, die uns andere deutlich überragten und ganz offen zu einer Fülle von Drogenerfahrungen standen. Wer lange genug mit der Lüge gelebt hat, für den ist die Wahrheit oft ungewohnt und verwirrend, aber mit Ingeborg Bachmann glaube ich, dass sie immer zumutbar sein muss, und aus Erfahrung weiß ich, wie wichtig sie der Seele ist. Warum sollte ein über Hundertjähriger noch lügen oder sich verstellen? Warum sollte es ein über Sechzigjähriger? Warum sollte es überhaupt jemand?

Ich selbst habe nur einmal LSD probiert, weil ich grundsätzlich nicht auf chemische Drogen stehe, und die Erfahrung war interessant. Meine mit Abstand schlimmsten persönlichen Erfahrungen habe ich dagegen mit den Drogen der Psychiatrie wie dem Neuroleptikum Haloperidol gemacht. Alles, was ich an bewusstseinsverändernden Drogen als Arzt ausgeben und vertreten musste, habe ich selbst einmal probiert. Das ist zwar nicht üblich, aber auch nicht verboten und für einen homöopathisch denkenden Arzt eigentlich selbstverständlich. Mit keiner psychedelischen Droge habe ich ein schlechtes Erlebnis gehabt, aber eine negative Erfahrung ist natürlich möglich, wenn der Schatten nicht bearbeitet ist und der Vorhang vor einem Schattenthema chemisch aufgerissen wird. Die Erfahrungen mit den Psychopharmaka unserer Schulmedizin haben mir jedoch entsetzliche Erlebnisse beschert vom Raub der Seelenbilder bis zu körperlichen Missempfindungen scheußlichster Art, sodass ich die Aversion der Patienten immer verstehen konnte.

Mein Selbstversuch mit Ritalin, der heute millionenfach verschriebenen Droge für Zappelphilippe, gehörte in diesem Zusammenhang noch zu den schönsten Erfahrungen. Mit einer Kinderdosis, die ich abends um sieben eingenommen hatte, schlief ich nach einer spannenden Nacht mit erstaunlichen Erlebnissen erst morgens um neun Uhr ein. Soweit zu den angeblich harmlosen Drogen der Schulmedizin und den angeblich gefährlichen der psychedelischen Szene.

Vor diesem Hintergrund kann eine schamanische Reise mit heiligen Pflanzen zu einer Pilgerfahrt ins Land der Seele werden. Carlos Castanedas *Reise nach Ixtlan*, und dabei auch in die Welt der heiligen Pflanzen, ist dafür ein Beispiel. Die Möglichkeit, an der Hand von Curanderos, den pflanzenkundigen Schamanen Lateinamerikas, die äußere mit der inneren Reise zu verbinden, möchte ich persönlich jedenfalls nicht missen. Sich von heiligen Pflanzen Tore in die eigene Seelen-Bilder-Welt öffnen zu lassen, ist eine Erfahrung, die ich zutiefst bereichernd empfand und sogar empfehlen darf. Das ist selbst in unserer modernen Welt möglich mit ihren Zehntausenden von Verboten, für die mir nur der Begriff »Absurdistan« einfällt. Diese Pflanzenmischungen, die wir uns unter der Anleitung des Curanderos selbst gesucht hatten, sind so individuell, dass sie sich weder erfassen noch folglich verbieten lassen. Sonst wären sie es mit Sicherheit. Aber das geschieht alles auf Ebenen, wo die katholische Amtskirche die Pilgerfahrt nach Medjugorje verbietet.

Ich möchte es nicht missen, die Liebe zu allem Leben – und in diesem Fall besonders zu den Pflanzen – so tief und so hautnah gespürt zu haben, indem ich Einblick in die inneren Welten der Muster und Symbole des Lebens erhielt. Der Tanz der doppelten Schlangen war so eindrucksvoll, dass ich mich bis heute daran erinnere und seitdem eine tiefere Beziehung zu unserem Erbgut in Gestalt der doppelten DNS-Schlangen spüre. Nie war mir das Resonanzgesetz mit seinem »Wie innen, so außen« nähergekommen. Auch Wasser habe ich auf solch einer Reise auf diese wirklich elementare, tiefgründige und faszinierende Art gesehen und erlebt, und das hat etwas in mir verändert, was mich bis heute froh macht und Wasser einen besonderen Stellenwert in meinem (ärztlichen) Leben gibt. Bis dahin war das alles nur theoretisches, angelerntes Wissen über das geheimnisvolle Molekül Wasser oder über die Doppelhelix im Zentrum unserer Zellen; nun sind es lebendige Erfahrungen, die ich gemacht und eigentlich geschaut habe. In der

Theorie ist natürlich kein Unterschied zwischen Theorie und Praxis, in der Praxis aber doch – ein gewaltiger.

Solch eine Reise mit heiligen Pflanzen in die Anderswelt könnte ein besonderer Punkt auf der Lebensliste sein. Zwar darf ich den wahrscheinlich gar nicht empfehlen, aber zum Glück kann ich ihn auch nicht real verbieten. In der so viel vernünftiger funktionierenden Schweiz gibt es noch immer einen Therapeuten, der die offizielle Erlaubnis hat, mit bewusstseinserweiternden Drogen zu arbeiten, wahrscheinlich die einzige Ausnahme in der westlichen Welt. Aber Millionen westliche Menschen nehmen solche Hilfsmittel der Natur und lassen sich von ihnen in die Geheimnisse der inneren Seelen-Bilder-Welt einführen.

Natürlich ist es gut, jemanden zu haben, der uns an die Hand nehmen kann, weil er in dem Land schon einmal war, das wir bereisen wollen, am besten also einen Schamanen, einen Meister der Pflanzen, der in diesen plutonischen Welten zu Hause ist, wo tiefe (Ver-)Wandlungen und bis an die Wurzeln gehende, also radikale Erfahrungen möglich sind, und natürlich jemandem, dem wir uns gegebenenfalls gern anvertrauen.

Lebensprinzip: Neptun (Bewusstseinserweiterung).

Heilige Berge besuchen und besteigen

Der *Inka-Trail* in Peru ist eine herausfordernde Strecke für ein herausragendes Ziel einer besonderen Pilgerreise, verbindet er doch den schon an sich symbolträchtigen Aufstieg einer Bergtour mit einem wahrhaft hohen Ziel: der alten, möglicherweise heiligen

Stadt einer lange versunkenen Kultur. Der (fünf) Tage dauernde Aufstieg durch bergigen Urwald endet in *Machu Picchu*, den Resten der beeindruckenden Inkastadt direkt unter dem Himmel, auf den Höhen der Anden. Wer weniger fit ist oder diese Pilgerfahrt im fortgeschrittenen Alter unternehmen will, kann Machu Picchu auch mit dem Zug erreichen, das heißt das Dorf am Fuß jenes Berges, und dann den Bus nehmen. In jedem Fall lohnt es sich, so früh wie möglich anzukommen, um vor dem größten Trubel den Zauber dieses besonderen Ortes in sich aufzunehmen.

Überall auf der Welt gibt es heilige Berge, selbst bei uns pflegt man auf Gipfeln ein Kreuz als Symbol der Einheit aufzustellen. Im *Watzmann* wähnt der Volksglaube bis heute den schlafenden Kaiser, und um den *Untersberg* bei Salzburg ranken sich zahllose Mythen. Aus Gottes Sicht, von oben betrachtet, ist jeder Berg ein Mandala und seine Spitze dessen Mitte, insofern ist er ein Symbol des Sonnenprinzips; mit dem Aspekt des Heiligen kommt auch noch das Jupiterprinzip hinzu. Am schönsten, weil ebenmäßigsten wird das am *Matterhorn*, dem »heiligen Berg der Schweizer«, deutlich. In solch steil aufragenden, gewaltigen und sich doch elegant nach oben verjüngenden Felsen sahen die Vorfahren die uralte Vorstellung der Weltachse am klarsten verwirklicht.

Früher waren Berge vor allem der einheimischen Bevölkerung heilig. In heutiger Zeit können wir auf den Spuren aller möglichen Kulturen allen möglichen Pilgerpfaden folgen. Die folgende Liste heiliger Berge ist nur eine sehr knappe Auswahl und nach unserem westlichen Bezug geordnet. Sie kann uns aber eine Idee vermitteln, wie heilig die Erde ihren früheren Bewohnern war und wie leicht wir auf ihr Pfade finden, die uns an die Spitze unserer Möglichkeiten bringen – und das ist letztlich das Ziel von Pilgerfahrten und Bergtouren gleichermaßen.

Weltberühmt ist der *Olymp* in Griechenland als Sitz der griechischen Götter, die unseren Ur- oder Lebensprinzipien die Namen leihen. Der konkrete Olymp ist für mein Empfinden, der ich die Alpen gewohnt bin, als Berg enttäuschend, aber er war das Eindrucksvollste, was die alten Griechen vorfanden, und so musste er es sein. Auf Rhodos lebte Zeus auf dem *Attavyros*. Der Berg *Athos* auf der Halbinsel Chalkidiki ist bis heute der griechisch-orthodoxen Kirche heilig. Am *Parnass* haben sich einst die Musen um Apollon versammelt. In Italien galt der *Monte Cavo* in den Albaner Bergen nahe Roms als Sitz des Göttervaters Jupiter (griechisch: Zeus). Der wurde auch am *Donnersberg* in der Pfalz verehrt; wie der Name noch sagt, waren Donner und Blitz Jupiters Insignien. Der *Danielsberg* in Kärnten erlebte eine typische Umwidmung. Das dortige Heiligtum aus der Eisenzeit wurde durch einen römischen Herkulestempel ersetzt, bevor dieser einer christlichen Kirche weichen musste. Möglicherweise war er noch anderen Traditionen heilig, von denen wir gar nicht wissen.

Die biblischen Berge galten selbstverständlich als heilig. Am Berg *Sinai* oder *Horeb* begegnete Mose Gott und empfing die Zehn Gebote; am *Ararat* soll Noahs Arche nach der Sintflut auf Grund gelaufen sein. Der *Tempelberg* in Jerusalem ist gleich drei Weltreligionen heilig und galt über Jahrhunderte als Zentrum der Welt; für die Juden ist er bis heute Zion, Thron Gottes. Der Berg *Karmel* genießt bereits seit vorisraelitischer Zeit Verehrung.

Der *Kailash* wurde als Quellgebiet der vier größten Ströme des indischen Subkontinents sowohl von Hindus als auch Buddhisten und den Anhängern der Urreligion Bön verehrt. Er ist heute außerdem ein beliebtes Ziel für westliche Suchende. Der *Mount Everest* gilt den Nepali als »Stirn des Himmels« (Sagarmatha), den Tibetern als »Mutter des Universums« (Chomolungma). »Die Nahrung spendende Göttin« war ihnen der *Annapurna*, und der *Machapuchhare* im Annapurna-Massiv erschien ihnen als Sitz des Amitabha-Buddha (Buddha des grenzenlosen Lichts). Der *Arunachala* in Indien ist der heilige Berg des Hindus und gilt als die Verkörperung von Shivas Glied und der Zeugungs- wie auch Zerstörungskraft.

Auch China ist voller heiliger, uns aber unbekannter Berge, vielleicht mit Ausnahme des *Marpo Ri* (*Roter Berg*), auf dem Lhasa und der Potala-Palast erbaut sind, der aber im annektierten Tibet liegt. Japaner verehren neben dem Berg *Fuji* noch den *Haku-san* und den *Tateyama* und haben so eine Trinität heiliger Berge.

Der *Sri Pada* (*Adam's Peak*) in Sri Lanka war schon in prähistorischer Zeit dem Urvolk der Veddas heilig und wird heute von Hindus, Buddhisten, Christen und Moslems gleichermaßen verehrt. Der *Merapi* in Indonesien, einer der gefährlichsten Vulkane der Erde, ist mindestens noch als Wohnstätte von Bergdämonen bekannt. Der *Gunung Agung*, der in seiner vulkanischen Gefährlichkeit ebenfalls die Ambivalenz des Heiligen als des Ganzen, alles Enthaltenden ausdrückt, ist als heiliger Berg Balis das Maß, nach dem die unübersehbar große Zahl der Tempel bis heute ausgerichtet wird. Letztlich dreht sich das ganze Leben der zauberhaften

Insel der Götter um ihn. Hier in Bali erleben wir die Idee der Weltachse noch lebendig, der wir in Omphalus-Stelen, Obelisken, Totempfählen, Mariensäulen und Maibäumen in symbolischer Form sonst nur noch in Spuren begegnen.

In Afrika ist es (der) Atlas, der für die antike Welt auf seinen Schultern die Weltkugel trägt und das Himmelsgewölbe stützt. Er galt als letzte feste Begrenzung der Erde. Aus afrikanischer Sicht ist er eine Randerscheinung verglichen mit dem heiligen *Kilimandscharo*, der für die Massai als Haus Gottes gilt und den Jagga als Zentrum ihres Sonnenkultes dient. Er fordert noch immer (Menschen-)Opfer; viele haben hier ihr Leben gelassen und sind auf die andere Seite gewechselt. Allerdings werden diese Opfer heute freiwillig und meist aus Ehrgeiz dargebracht, denn der Kilimandscharo wird von sich selbst überschätzenden Pilgern des Westens bestürmt, die ihn vom alpinistischen Gesichtspunkt nur zu leicht unterschätzen. Die Höhenkrankheit wird von den Einheimischen durchaus anders gedeutet als von der westlichen Medizin. Tatsächlich ist sie eine Symptomatik mangelnder Anpassung: an die Höhe, sagen die Mediziner, an die göttliche Sphäre, denken die Schamanen. Für meinen Bekannten, der als austrainierter Triathlet hier sein Leben ließ, stimmte beides. Diesbezüglich sind Touren um den Kailash ebenfalls mit großer Vorsicht zu genießen, da es hier auch auf über 5000 Meter Höhe geht.

In Australien ist der Uluru (Ayers Rock) den Aborigines heilig und macht das auf seine unglaublich beeindruckende Art in Form und oft auch Farbe sehr deutlich. Seine Flanken sind so steil, dass sich kaum etwas darauf hält. Er trägt immer sein beeindruckendes

»Ritualgewand«, das je nach Anlass und Wetter die Farbe wechselt von Grau bis zu unwirklichem Sonnenorange.

Auf Hawaii genießt der *Kīlauea* als Sitz der Göttin Pele Verehrung. Die nordamerikanischen *Black Hills* sind heilige Berge für die Lakota wie der *Mount Graham* für die Apachen. Letztere kämpften engagiert gegen die Errichtung eines riesenhaften Teleskops auf ihm und der ihnen heiligen Erde und verloren selbstverständlich auch diesen Kampf gegen die skrupellosen weißen Krieger des Fortschritts. Der *Mount Shasta* war als Wohnstätte des Großen Geistes Manitu seit alters her Heiligtum verschiedener Indianerstämme. Inzwischen haben New-Age-Bewegung und manche Sekten ihn als Kraftplatz und Pilgerstätte entdeckt. Den Hopi sind die *San Francisco Peaks* heilig, wo ihre Wettergeister oder Kachinas zu Hause sind. Bis heute wird ihnen hier zur Sommersonnenwende gehuldigt. Die Peaks sind inzwischen auch Ziel vieler moderner Pilgerfahrten. Allerdings führt das zu einer Anhäufung von Devotionalien-Kitsch wie in Lourdes, wo die Madonna dann als Heil- und Weihwasserbehälter dient mit Krone als Schraubverschluss. Bei den Hopis habe ich Licht und Schatten nah beieinander erlebt, aber inzwischen gibt es eine neu erwachende Indianerbewegung, die Hoffnung macht. So wären ihre Mesas, die landschaftlich so eindrucksvollen Tafelberge, wieder eine Pilgerreise wert. Nur sollte man die eigenen Erwartungen nicht an falschen Bildern der nordindianischen Kultur festmachen. Weder Karl Mays noch Kevin Kostners »Wolfstanz-Indianer« sind heute dort zu finden. Keine Kultur ist wohl zugleich so idealisiert und verunglimpft worden wie die der indianischen Völker Nordamerikas. Solche Schatten aber können die heiligen Berge natürlich nicht entweihen, sondern gehören offenbar dazu.

In Südamerika kennt man neben dem bereits erwähnten Machu Picchu ebenfalls eine Fülle heiliger Berge. Der *Cerro Calvario* in Bolivien, um nur ein Beispiel zu nennen, war schon vor der Inka-Zeit heilig und ist heute zum Marienwallfahrtsort umgewidmet.

In manchen Gegenden der Welt werden heilige Berge so hoch verehrt, dass deren Gipfel nicht bestiegen werden dürfen, etwa in Bhutan. Doch haben die Menschen schon immer das Bedürfnis gehabt, Berge zu erklimmen, um Gott und der Einheit entgegenzustreben. Zwar ist es vor allem Ausdruck sportlicher Leistungsshow, wenn die Basislager des Mount Everest heute zu Abfallhalden unzähliger Expeditionen verkommen sind. Aber dahinter ist wohl selbst bei modernen ehrgeizigen Sportlern der Wunsch verborgen, Gott besonders nahezukommen. Reinhold Messner, dessen tieferen Bezug zur Bergwelt ich persönlich schätzen lernte, hat hier viel zum Brückenschlag zwischen der indigenen Weltsicht, die der unserer Vorfahren entspricht, und der modernen Anschauung beigetragen.

Wer das Wesen des Berges als Mandala entdeckt, muss deshalb nicht gleich nach Tibet reisen, um den Kailash zu umrunden, was größerer Vorbereitung und guter Planung bedarf, um Höhenkrankheit und Überforderung zu vermeiden. Ein Berg in der näheren Umgebung oder einer, zu dem persönlicher Bezug besteht, kann es genauso tun. Vor allem kommen die heiligsten Berge im Himalaya wegen ihrer gewaltigen Höhe für Normalsterbliche sowieso kaum infrage. Und der heilige Berg *Meru* ist sowieso nur noch als innerer Ort zu finden, obwohl er natürlich existiert. Er gilt sowohl in der hinduistischen als auch in der buddhistischen Kosmologie als Zentrum des Universums. Manche identifizieren diesen mythologischen Berg auch mit verschiedenen realen Bergen, etwa dem Kailash. Ihn zu finden, wäre jedenfalls ein lohnendes Ziel für die innere Reise, während man äußere Berge besteigt.

Wie tief und wie hoch die Reise wird, entscheidet letztlich nicht die äußere Höhe oder Bekanntheit, sondern viel eher die innere Einstellung. Für das innere Erleben kann der Untersberg sogar mit mehr Gewinn umrundet werden, etwa wenn ein Wissender wie Pfarrer Schmatzberger den Pilgergang anführt, als der Kailash, wo wahrscheinlich ein Großteil der Energie in sportliche Leistung fließt. Da mögen die Externsteine dann auch deswegen mehr bieten als der Mount Shasta, weil sie den eigenen kulturellen Wurzeln näher sind.

Lebensprinzip: Saturn (der Aufstieg), Uranus (dem Himmel so nah).

Landschaftsformen als Brücke auf dem Weg zu sich selbst

Nicht nur die Bergeshöhen waren unseren Vorfahren heilig, sondern auch die Tiefen der Täler mit ihren Flüssen und Höhlen sowie die Brunnen und die Weggabelungen. Alle Urprinzipien – und entsprechend ihre Götter – hatten ihre heiligen Orte, wo ihre Energie sich besonders verdichtet und für uns deutlicher spürbar wird. Für *Hermes-Merkur* ist es jede Wegkreuzung, während *Jupiter-Zeus* riesige Bergmassive und gewaltige Landschaften wie den

Himalaya oder den Grand Canyon bevorzugt und *Saturn* in den Felsregionen der Berge wohnt, wie auch in kargen (Salz-)Wüsten. *Demeter* und andere *Mondgöttinnen* beleben die fruchtbaren Felder. *Stier-Venus* liebt fruchtbare Kulturlandschaften und gut begrenzte Weiden, *Waage-Venus* gepflegte Parks, während ihr Gegenspieler *Mars* auf den Schlachtfeldern zu Hause ist und bei Feuer speienden Vulkanen, wo er nur den Moment des plötzlichen, unerwarteten Ausbruchs *Uranus* überlassen muss. Sonnendurchflutete Dünenlandschaften atmen das Flair des *Sonnenprinzips*, während in Lava speienden, Gase ausdünstenden tätigen Vulkanen und auch in den Kratern erloschener Feuerberge die Zugänge zur Unterwelt nach Art von *Pluto-Hades* erkennbar werden. In Wasserfällen und abrupten Abbrüchen begegnet uns *Uranus*; *Neptun* finden wir in den unermesslichen Weiten der Meere.

Mit einer dem Animismus unserer Ahnen entlehnten Haltung ist überall und natürlich auch in Landschaftsformen Leben(digkeit) erkennbar, zudem in jedem Baum und Wesen. In der schamanistischen Welt, wie sie uns Don Juan und Don Genaro, die Lehrer von Carlos Castaneda, nahebringen, lebt alles, und die Naturwesen und andere Geistwesen bedienen sich dieser Lebendigkeit, um mit uns zu kommunizieren. Insofern könnte eine Zeit in der Wildnis, eine Pilgerfahrt in die Natur, ein wundervoller Punkt auf unserer Liste sein.

In jungen Jahren ging ich regelmäßig jedes Jahr für eine Woche in die Natur der Berge und lebte von Quellwasser und wenigen Beeren. Auch wenn so etwas bei uns nicht gefährlich ist, fühlt es sich zumindest anfangs sehr neu und elektrisierend an, denn tatsächlich lebt die Natur in einem für moderne Stadtmenschen kaum noch vorstellbaren Ausmaß. Allein schon eine Nacht in der freien Natur ist für viele eine Herausforderung, und wenn die in einem ursprünglichen dichten Wald verbracht wird, auch eine sehr lebendige und lebendig machende. Das ist das wahre Nachtleben und vielleicht, wie bereits vorgeschlagen, einen Punkt auf der Liste wert. Mit dieser offenen Haltung wird jedenfalls das Leben bewusster, und die Welt erfährt eine wundervolle Wiederverzauberung. *Natür*lich kann sie uns dann auch ganz ungewohnt zauberhaft begegnen. Die Bilder meines Fotografenfreundes Bruno Blum fangen für mich diese Magie ein, und so habe ich sie in dem Buch *Die Kraft der vier Elemente. Die zwölf Lebensprinzipien in den vier Elementen* verewigt und sie mir immer für die Cover meiner Meditations-CDs gewünscht. Die Wunder der Natur werden in uns nur in dem Maß lebendig, wie wir ihnen Beachtung schenken. Aus der Medizin jedenfalls weiß ich: Wer nicht an Wunder glaubt, erlebt auch keine. Wunder auszuschließen, ist aber eine sehr gefährliche Haltung, denn irgendwann braucht jeder (s)ein Wunder.

Landschaftsformen und -bilder können Brücken von außen nach innen schlagen. In Ritualen weisen sie oft den Weg und können so entscheidende Wegweiser werden, doch sie sind nicht der Weg. Andererseits brauchen wir die Welt der Formen, um an die Inhalte heranzukommen. Alles lebt (vom inneren Bezug).

Lebensprinzip: Stier-Venus (Mutter Erde).

Innere Reisen an mystische Orte und Kraftplätze

Meine persönlichen Erfahrungen an besonderen Orten von mythischem und mystischem Geist können natürlich nur Anstoß, bestenfalls Anreiz sein zu wichtigen Punkten der eigenen Liste. Ein erster Vorschlag ist vor diesem Hintergrund eine Pilgerfahrt nach *Avalon*. Am Glastonbury Tor, jenem sagenumwobenen Hügel in Südengland, lässt sich gut auf Reisen nach innen gehen und der Verbindung nach Avalon, der weiblichen Welt der alten Religion, nachspüren. Äußerlich sind nur noch Ruinen des alten Klosters Glastonbury übrig, aber wer Marion Zimmer-Bradleys Roman *Die Nebel von Avalon* gelesen hat – ebenfalls eine sehr empfehlenswerte Pilgerreise, auch wenn der Weg über tausend Buchseiten führt –, kann die Brücke nach innen leichter schlagen. Wir tragen viel Vergangenheit in und mit uns, und die Autorin hat es geschafft, sich und damit auch uns diese alte Welt zu erschließen. Wer die fantasievollen Bilder in sich trägt, kann in den Ruinen des Kloster oder des Turmes auf dem Tor-Hügel seine Seele auf Reisen schicken und die Verbindung herstellen zu den (Mond-)Priesterinnen von Avalon, zu Merlin und all den anderen Gestalten dieser zeitlosen Seelenwelten. Das wäre ein sehr neptunischer Punkt der *Liste vor der Kiste*, der nur noch auf diese archetypisch weibliche Art zu bereisen und zu erfahren ist.

Geografisch und inhaltlich liegen die Legenden um den Gral nahe. Eine Reise auf den Spuren dieses heiligen Kelches könnte all die Orte berühren, die mit König Artus und seiner Gralsritterrunde, aber auch mit seinem mystischen Schwert Excalibur verbunden sind. Der Zauberer Merlin hatte es Artus übergeben mit den legendären Worten: »Geschmiedet, als die Welt noch jung war, als Vogel, Tier und Pflanze eins waren mit dem Menschen.« Es stammte also aus der Zeit, als die Welt in den Zauber eingebunden war, und lag als Schwert der Ent*scheid*ung, als marsische Waffe, in der Hand des Sonnenkönigs Artus. Ihm bringt Parzival mit dem Satz »Der König und das Land sind eins« Erlösung, jedenfalls in John Boormans sehenswertem Film *Excalibur*. Wir erkennen hier eine Sonnenthematik und in dem Kelch ein mondgeprägtes Gefäß.

Die historischen Relikte, die mit der Gralslegende verbunden werden können, sind gering bis fraglich, aber um sie geht es gar nicht. Die alten Festungen Cornwalls sind jedoch durchaus erhalten und für all diejenigen, die bei diesem Thema mitschwingen, bieten sich auch hier wundervolle Ausgangsplätze für Reisen nach innen an.

In den französischen Pyrenäen um den heiligen Berg Montsegur und die Geschichte der Katharer, die ebenfalls mit der Gralslegende verbunden sind, liegen andere mystische Plätze, die unsere Seele zu Reisen einladen. Allein sich einmal eine Woche auf diesen Spuren treiben zu lassen und den Hinweisen aus eigenen Träumen und Landschaftseindrücken zu folgen, hat mir eine wertvolle Zeit der Verbundenheit beschert. Mit den Katharern, den »Reinen«, und ihrem heiligen, den Tod nicht fürchtenden Ernst kommt ein saturnines, mit ihrer Sinnsuche in Gott aber vor allem jovisches Element hinzu, ihre Geschichte findet dann mit ihrem Selbstopfer ein plutonisches Ende.

In *Findhorn*, der ältesten spirituellen Kommune Europas, hat mit David Spangler nicht nur die New-Age-Bewegung ihren Ausgang genommen, die später anderswo so verkitschte, dass sie an sich selbst zugrunde ging. Es hat dort auch viel von dem begonnen, was heute in der veganen Szene Früchte trägt, jedenfalls soweit sie spirituell bewegt ist. Auf unfruchtbarstem Sandboden waren in der Gemeinschaft um Eileen und Peter Caddy und unter den Händen von Dorothy MacLean, die mit den Pflanzenwesen, den Devas, und mit Engeln kommunizierte, unglaublich große Feldfrüchte gewachsen.

In Findhorns Garten habe ich oft und gern mitgearbeitet und viele Inspirationen erhalten. Nun war ich schon lange nicht mehr dort und weiß nicht, ob es heute noch eine Reise wert ist. Aber Findhorn ist eigentlich überall, wo Menschen auf die alte Art verbunden mit der Natur leben, wo sie sich aus eigenen Gärten im Einklang mit der Großen Mutter ernähren und das Wunder des Wachsens schätzen, wo uns noch unkultivierte Natur umfängt und Suchende mit Pan, dem alten Naturgott, in Kontakt treten.

Eine Begegnung mit Pan ist *natür*lich nur auf inneren Reisen möglich, aber die äußere Natur kann und wird doch sehr dazu anregen. In ihm können wir die Gegenpole der fruchtbaren und zugleich furchtbaren Natur erleben, die sich auch in seiner ambivalenten Gestalt spiegeln: oben Panflöte spielender Hirtengott, unten vergewaltigender Bocksgott mit Dauererektion.

Eine bewusste Reise nach Findhorn oder in eine der anderen naturnahen Gemeinschaften oder eine Zeit in unserem Garten in TamanGa könnte mit den alten Wurzeln in Gestalt von Pan und seinen Naturwesen verbinden und die weiblichen Lebensprinzipien – Mond für das fruchtbare Wachsen und Neptun in Bezug auf die Verbindung zu den transzendenten Reichen – ins Spiel des Lebens bringen.

Ein faszinierender neptunischer Ort, der auf der Liste punkten könnte, ist auch *Iona*, die heilige Insel der Kelten, die geistig für mich eng mit Findhorn verbunden ist. Hier kann sich die Seele wundervoll einklinken in die matriarchalische Zeit der Göttinnen und die Feiern von Beltane.

Unübersehbare Anziehungspunkte sind auch die gewaltigen und in ihrer Bedeutung bis heute rätselhaften *Pyramiden* von Gizeh in Ägypten, wie auch die weniger bekannten, aber für mich mindestens genauso eindrucksvollen in Chichén Itzá in Mexico und auch die neu entdeckten und von der Archäologie noch nicht anerkannten in Bosnien-Herzegowina. Dort kann man jedenfalls noch allein mit dem Geheimnis sein, während es an den beiden berühmten Orten nur noch mit Tricks und Dollars möglich ist.

Persönlich war ich gern in Gizeh und Chichén Itzá und bin auf letztere Pyramide auch geklettert, was erst einen Eindruck von der jovischen Dimension dieser uralten Bauwerke vermittelt. Die Meditationen in deren inneren Kammern sind mir vor allem als stickig in Erinnerung, aber das mag an mir gelegen haben, und man muss vielleicht auch nicht so lange bleiben. In dem Sarkophag der kleinen Kammer der großen Cheopspyramide geht es natürlich auch nicht um bequeme Lage und gute Luft, sondern um eine innere Erfahrung. Sarkophag heißt griechisch »Fleischfresser«: Er soll das Fleisch aus dem Weg und dem Spiel räumen und zu Reisen jenseits körperlicher Welten animieren. Selbst wenn sich vor Ort keine dramatische oder die Erwartungen erfüllende Erfahrung ergibt, ist der Punkt auf der Liste trotzdem abgehakt, und manchmal erweist sich erst viel später, wofür er wichtig war. In Gizeh liegt natürlich auch nahe, über das Geheimnis der Sphinx zu meditieren. Das eindrucksvolle Bauwerk passt schon von seinen Ausmaßen zu den Pyramiden und zum jovischen Prinzip. Die Einweihungssituation in der innersten Kammer entspricht dem Saturnprinzip. Ein Besuch in Ägypten ist immer auch einer an der Wiege unserer Kultur, und so haben wir für den Film *Die Schicksalsgesetze* nicht zufällig zu Füßen der Sphinx, bei den Pyramiden gedreht.

Besuche in *Atlantis*, der versunkenen Welt der Antike, von der Platon Zeugnis ablegte, sind überall möglich, wo das Meer dazu anregt, und Donovans berühmter gleichnamiger Song mag darauf einstimmen. Versunkene Welten gibt es in jedem von uns, die erst in Vergessenheit geraten und später ins Unbewusste abgetaucht sind. Sie werden uns bereichern, wenn wir sie wiederentdecken – ähnlich wie alte Freunde, die wir wiederfinden und in unser Leben einladen. Solche neptunischen Welten und Reisen entziehen sich der Beschreibung und jeder »vernünftigen« Reiseleitung. Das macht sie jedoch nicht weniger wichtig für die Seele, im Gegenteil. Das Neptunprinzip liebt alles Unklare und Undurchsichtige, das sich dem Verständnis und der rationalen Ebene Entziehende, die Ahnungen und die mystische Schau des Transzendentalen, aber auch die nebulösen Vermutungen. Es lädt genauso zu Spekulationen wie zu mystischer Schau ein; alles Geheimnisumwobene ist hier zu Hause.

Lebensprinzip: Neptun (Begegnung mit der Anderswelt).

Sich auf der Sinnsuche einem Lehrer anvertrauen

Für mich war es immer ein Traum, einmal einem echten Weisheitslehrer oder Guru persönlich zu begegnen, und mit der Zeit sind es einige geworden, die ich kennenlernen durfte. Keine dieser Begegnungen möchte ich missen. Einen spirituellen Reiseführer, Guru oder Lama als Zuflucht für die Seele zu wählen – für einige oder alle Zeit – kann ein und manchmal sogar der wesentliche Punkt auf der (Lebens-)Reise sein. Aber wie Hermann Hesse in *Siddhartha* beschreibt, kann es genauso wichtig sein, sich wieder zu lösen.

Es muss vielleicht auch nicht unbedingt der Dalai Lama oder der Papst sein, die von so vielen umlagert sind und so wenig Zeit haben. Aber selbst zu diesen Persönlichkeiten ist es manchmal möglich, Kontakt aufzunehmen. In der Zeit der Friedensuniversität, zu deren inneren Kreis ich gehörte, hatte ich die Chance, öfter mit dem Dalai Lama zu essen und ihn persönlich zu erleben. In den Achtzigerjahren war er – jedenfalls bei uns – noch nicht annähernd so populär wie heute, und alles lief familiär ab. Er erwies sich als ein sehr menschlicher und einfühlsamer Lehrer, der uns mit Rat und Tat zur Seite stand, wo er konnte, und er tat es auf so angenehme, mir unvergessliche Weise. Weder wollte er, dass wir die offizielle Anrede »Eure Heiligkeit« benutzen, noch erst recht, dass wir uns vor ihm niederwarfen, wie Tibeter es tun. Insofern fällt es mir besonders leicht, ihn bis heute Seine Heiligkeit zu nennen: Er strahlt etwas Heiles aus. Als die Zeitschrift *Stern* in heute unvorstellbarer Weise und weit unter der Gürtellinie unter anderem wegen der Friedensuniversität über ihn herzog, ließ er das in charmanter Weise und im schönsten Sinne gleich-gültig an sich abgleiten, was mich tief beeindruckte. Ohne ihn noch persönlich gesehen zu haben, strahlt für mich der amtierende Papst ebenfalls so etwas aus, und ich liebe die Vorstellung, in ihm einen neuen Franziskus zu sehen. Und ist es nicht im wahrsten Sinne des Wortes wundervoll, dass es solche Menschen gibt, die uns in diesem jovischen Sinne berühren und an diesen Teil in uns erinnern?

Einmal eine Zeit zu Füßen eines Meisters oder einer Meisterin zu verbringen, zu dem oder der eine innere Beziehung oder ein Gefühl des Hingezogenseins besteht, kann eine wesentliche und wertvolle Erfahrung des Sichanvertrauens sein. Trotzdem rate ich, bei aller Ergebenheit, dem eigenen sich möglicherweise irgendwann meldenden kritischen Verstand nicht völlig zu misstrauen. Ich selbst bin rückwirkend auch froh, nicht allen Entwicklungen in den Bewegungen von Maharishi Mahesh Yogi, dem Guru von George Harrison und den Beatles, Bhagwan (Osho) oder Bhagawan (Deeksha) gefolgt zu sein und trotzdem in ihrer Nähe wichtige Impulse erhalten zu haben und dafür auch dankbar zu sein. Und natürlich kann hier nur jeder für sich entscheiden und sich ansprechen lassen.

Meine Lehrer und Meister sind schon vorausgegangen. Von den heute lebenden bekannten Gurus habe ich Ma und Gurudji erlebt und Shaktipat, die Energieübertragung vom Meister zum Schüler, von ihr erhalten und innerlich bewegende Tage in ihrem Feld erlebt. Die »Hugging Ma« Amma (Mata Amritanandamayi) hat mich in den Arm genommen und gedrückt und mir ein Mantra gegeben, und ich konnte ahnen, warum zweitausend Menschen eine ganze Nacht in langen Schlangen demutsvoll anstehen für diese beglückende Erfahrung. Von den *»cosmic beings«* im Ashram in Golden City gehalten zu werden, hat mir Halt und Glücksgefühle vermittelt. Ich hatte diese Erfahrungen gar nicht auf meiner Liste, aber eine grundsätzliche Offenheit für Menschen, die weiter sind auf dem spirituellen Weg, und die Bereitschaft, mich von ihnen anmachen im Sinne von anschalten zu lassen, wenn sie schon bereit sind, andere an ihren Schwingungen und ihrem Feld teilhaben zu lassen. So möchte ich auch die Zeiten bei den Gurus der Massenbewegungen wie Maharishi, der die erste große Meditationswelle in der westlichen Welt auslöste, oder bei Bhagwan (Osho) in Poona nicht missen oder die Begegnungen mit dem vorletzten Karmapa. Als die Beatles und speziell George Harrison sich Indien und Maharishi zuwendeten, sind viele von uns ihnen einfach zur Transzendentalen Meditation gefolgt. Auch wenn mir später die Haare zu Berge standen angesichts der Entwicklung dieser Bewegung, haben mir doch die Jahre mit meinem Mantra und all die Erfahrungen der Meditation und der Ausbildung rückwirkend gutgetan. Ähnlich die Monate in Poona. Obwohl der Arzt in mir dort vieles indiskutabel fand, war die Zeit eine befreiende und inspirierende, für die ich sehr dankbar bin.

Von den vielen Vierteljahren meines Lebens habe ich bei Aufenthalten in Ashrams jedenfalls unendlich viel mehr Bewegendes erlebt als in vielen Stunden verhältnismäßig kostspieligerer Psychoanalyse, in denen ich vor allem meine ersten sinnlich-erotischen Gehversuche »besprach« und Autoritätskonflikte mit meinem Stiefvater zu lösen suchte. Die praktische Begegnung mit echter Autorität bei Meistern, auf die ich auf meinem Weg gestoßen bin, setzte da erstaunlich viel mehr in Bewegung. Und selbst bezüglich der psychologischen Punkte brachte die Zeit in Poona ungleich mehr. Die spirituelle Sinnsuche und alle Lebensphilosophie gehören zum Prinzip des Göttervaters Jupiter-Zeus, wie natürlich auch der Papst und alle Gurus und Weisheitslehrer.

Lebensprinzip: Jupiter (der Weisheitslehrer, Guru und das Licht, das die Dunkelheit vertreibt).

Es an nichts mangeln lassen

Aus dem, was Sterbende am meisten bereuen, lässt sich unschwer ersehen, welche Lebensprinzipien am Ende so vielen vor allem fehlen und ihnen dadurch zu schaffen machen. Daraus können wir für unser eigenes Leben Konsequenzen ziehen, und die meisten Leser(innen) werden dafür mehr Zeit haben und weniger unter Druck stehen als die Filmhelden aus *Das Beste kommt zum Schluss.* Darin liegt einerseits die große Chance, in Ruhe eine lebensbereichernde *Liste vor der Kiste* zu erstellen und umzusetzen, und andererseits die Gefahr, es ohne existenziellen Druck weder konsequent noch hingebungsvoll genug zu tun und vieles auf die lange Bank zu schieben, bis sich herausstellt, dass diese so lang nicht ist und nie war.

Wenn wir zögern, das (ur-)eigene Leben zu wagen, fehlt es uns an ***Mars,*** das heißt Mut, aber auch an ***Uranus,*** was das spontane

Umsetzen der eigenen Originalität angeht. Beides machen die beiden Todkranken in *Das Beste kommt zum Schluss* vor, wenn sie verrückte Autorennen und Fallschirmspringen wagen und sich trauen, individuell und originell zu sein.

Aus zu viel Arbeit folgt zu viel ***Saturn*** – und zugleich dessen Mangel im Fehlen konsequenter Zeitplanung. Wem die Zeit am Ende zwischen den Fingern zerrinnt, hat ein Problem mit Chronos-Saturn, dem Gott und Prinzip der Zeit. Statt Arbeit vorzuschützen oder sich aufbürden zu lassen, wäre es angesagt, mehr Disziplin aufzubringen, erkannte Wahrheiten konsequent umzusetzen und Vorsätze durchzuhalten. Fremde Wahrheiten zu leben und Erwartungen zu erfüllen, kann nicht das Ziel des Lebens sein, schon eher aus eigenen Fehlern Fehlendes zu lernen.

Es verrät den Mangel an erlöstem ***Uranus,*** zu wenig Freunde und Wahlverwandtschaften zu haben. Mit Freu(n)den das Leben zu genießen, ist eine wundervolle Idee und von Anfang an ins Auge zu fassen.

Zu wenig Freude, Glück und Wachstum zeigt, dass es an der erlösten Seite von ***Jupiter*** mangelt. Es kann niemandem dienen, das in jedem Leben notwendige Wachstum die Gestalt von Krebs annehmen zu lassen. Hier wird *Krankheit* zum *Weg*, zur *Sprache der Seele* und zum *Symbol* eines unerlösten Weges. Die Lösung besteht darin, mutig über den eigenen Schatten zu springen und zu integrieren, was bisher fehlte: Freunde, Freude und vor allem Gefühl und inneres Wachstum.

Zu wenig gelebtes Gefühl weist auf den Mangel an ***Mond*** hin. In *Das Beste kommt zum Schluss* wird dies in dem Moment deutlich, wenn Edward am Ende der Reise einsam in seiner Designerwohnung mit der Plastikverpackung seiner Fertignahrung kämpft. Gleichzeitig feiert Carter im Kreise seiner Lieben seine Rückkehr und lebt diesen Teil, weshalb er dessen Fehlen bei Edward auch so deutlich wahrnehmen und diesem zu Bewusstsein bringen kann. Wahre Freunde könnten sich unglaublich helfen, wenn sie dies nur gegenseitig zulassen.

Sich selbst und anderen nicht verzeihen zu können, offenbart einen Mangel an ***Neptun;*** Beispiele aus vielen Psychotherapien belegen, wie diese Haltung oft eine glückliche Lebensreise verhindert. Im Akt des Vergebens liegt eine enorm große Heilkraft, die sich am besten rituell freisetzen lässt, wenn wir es nicht von oben herab, sondern aus tiefstem Herzen und auf gleicher Ebene tun. Auf der CD *Die Heilkraft des Verzeihens* ist dies in ein Ritual gegossen.

Der einzige »Nachteil« des sonst in jeder Weise inspirierenden Films *Das Beste kommt zum Schluss* besteht darin, dass sich darin zwei Männer auf den Weg machen und es dadurch eine Art *Tour de force* wird. Frauen haben andere Prioritäten, und natürlich konnte ich auch dieses Buch nur als Mann schreiben. Umso froher war ich, dass meine jetzige Frau und meine Exfrau mitgelesen haben, dass Freundinnen dabei waren und ich Bronnie Ware mit ihrem wundervollen Buch an meiner Seite wusste und ihre entsprechenden Erfahrungen mit einbeziehen konnte. Vor allem dass meine Exfrau Margit mitgedacht, gelesen und aus Frauenperspektive verbessert hat und auch meine Partnerin Rita diesbezüglich mit von der Partie war, hat sehr geholfen.

Diese Schlussbetrachtung und die urprinzipielle Einschätzung der Hauptprobleme zeigt allerdings, wie sehr die Erlösung der archetypisch männlichen Lebensprinzipien die herausragenden Schwierigkeiten macht. Wir leben sie, aber so unerlöst, etwa wenn der Mut fehlt, Originalität auszudrücken, wenn es keine Zeit für Freunde und (Lebens-)Freude, für Liebe und Gefühl gibt und stattdessen alle Zeit in Arbeit fließt.

Bei Frauen spielt der Wunsch nach einer großen und vor allem erfüllten Liebe eine herausragende Rolle und damit das Venusprinzip mit seiner Vor*liebe* für Schönheit und Eleganz, Zuneigung und Hingabe. Auch steht für sie oft im Vordergrund, am Schluss keine offenen Enden zurückzulassen, sondern der Zukunft über sich selbst hinaus in Gestalt von Kindern – konkreten und geistigen – dienen zu wollen.

Wünsche nach einer großen Liebe und Kindern, nach Gemeinschaft und verzeihendem Ausgleich verlangen uns mehr ab, und wie das bei den archetypisch weiblichen Lebensprinzipien so ist, sind sie weniger leicht auf einer Liste abzuhaken. Wir können uns ihrer immer bewusster werden, uns für sie öffnen, aber sie brauchen viel Zeit, und wir bleiben diesbezüglich auf Gnade angewiesen, wobei wir immer die Hoffnung hegen dürfen, diese irgendwann und noch rechtzeitig zu finden.

Ob archetypisch männlich oder weiblich, letztlich geht es um alle Lebensprinzipien. Hier gilt der weise Spruch von Oscar Wilde: »Am Ende wird alles gut. Wenn es nicht gut wird, ist es noch nicht das Ende.« Alle wesentlichen Themen wollen mehr oder weniger – je nach Lebensfahrplan – gelebt und erlöst werden. Eine ehrliche

Liste kann das wundervoll erleichtern und (be-)fördern. Sind ihre entscheidenden Punkte am Ende abgehakt, verliert dieses allen Schrecken und findet seine (Er-)Lösung.

Und was ist, wenn die Liste zu Lebzeiten fertig, sozusagen abgearbeitet ist? Nichts im besten Fall!

Fragte der Schüler den Meister, wie er den Weg zur Befreiung und Erleuchtung finden könne:

Wenn du ihn suchst, wirst du ihn nie finden.
Wenn du ihn nicht suchst, wirst du ihn auch nicht finden.
Sei offen und weit wie der Himmel, und du bist auf dem Weg.

Anhang

Empfehlenswerte Spielfilme

Das Beste kommt zum Schluss (*The Bucket List*, 2007)
Alles eine Frage der Zeit (*About Time*, 2013)
Auf der Suche nach dem goldenen Kind (*The Golden Child*, 1986)
Best Exotic Marigold Hotel (2011)
Der Engel mit den dunklen Flügeln (*The Vintner's Luck*, 2009)
Die Bücherdiebin (*The Book Thief*, 2013)
Die Herbstzeitlosen (2006)
Dienstags bei Morrie (*Tuesdays with Morrie*, 1999)
Elsa & Fred (2005)
Hinter dem Horizont (*What Dreams May Come*, 1998)
Michael (1996)
Noch einmal Ferien (*Last Holiday*, 2006)
One Week – Das Abenteuer seines Lebens (*One Week*, 2008)
Oskar und die Dame in Rosa (*Oscar et la Dame Rose*, 2002)
Seite an Seite (*Stepmom*, 1998)
The Kid – Image ist alles (*The Kid*, 2000)
Und täglich grüßt das Murmeltier (*Groundhog Day*, 1993)
Vergiss mein nicht! (*Ethernal Sunshine of the Spotless Mind*, 2004)

Veröffentlichungen von Ruediger Dahlke

Die CD zum Buch – *Es ist nie zu spät für eine glückliche Vergangenheit* – ist als Download erhältlich und als CD bei: www.heilkunde-institut.at

Bücher

Einladung
Mein Weg-Weiser: Herzlich lade ich zum Gratis-E-Book *Mein Weg-Weiser* (www.dahlke. at) ein. Darin erkläre ich, wie es zu den viel-und-siebzig Büchern kam und die Schattenseiten dieser Fülle – und auch, warum ich noch so gern weiterschreibe. *Mein Weg-Weiser* enthält darüber hinaus praktische Tipps sowie Bilder von meinem eigenen Weg. Ich freue mich über jede(n) Leser(in)!

Neuerscheinungen: *Abnehmen – (er)leichter(t) leben* (E-Book bei www.dahlke4you.com) • *Konflikte und Krisen meistern,* Scorpio • **2022:** *Mindfood – Wie wir unsere mentale Gesundheit gegen Manipulation und Brainwash des Systems stärken* • *Angst frisst Seele – Wie wir uns von (ir)realen und geschürten Ängsten befreien* (beide Scorpio) • *Spielfilmtherapie – was Filme über Krankheit und Heilung verraten* (mit Margit Dahlke, Edition Einblick (www.heilkundeinstitut.at) • *Heilsame Tugenden – In zwölf Schritten zur Heilung des Körpers und zur Entwicklung der Seele* • *Selbstheilung* (beide GU) • *Gesund und glücklich älter werden – meine Lebensstil-Medizin* (Goldmann-Arkana)

2022: *Corona als Weckruf – wie wir doch noch zu retten sind* • *Glücklich mit mir selbst* (Terzium)
2019: *Krebs - Wachstum auf Abwegen* (Goldmann Arkana) • *Jetzt einfach Atmen* (ZS) • *Das große Peacefood-Buch* (GU) • *Körper – Geist – Seelen - Detox* (Goldmann Arkana)
2018: *Das Alter als Geschenk* (Goldmann Arkana) • *Die Hollywood-Therapie – was Filme über uns verraten* (mit M. Dahlke, Edition Einblick. (www.heilkundeinstitut.at) • *Die Peacefood - Keto – Kur* (GU) • *Jetzt einfach meditieren* (ZS) • *Kurzzeit-Fasten* (Südwest)

Grundlagenwerke: *Die Schicksalsgesetze – Spielregeln fürs Leben*, 2009 • *Das Schattenprinzip: Die Aussöhnung mit unserer verborgenen Seite*, 2010 • *Die Lebensprinzipien: Wege zu Selbsterkenntnis, Vorbeugung und Heilung* (mit Margit Dahlke), 2011 (alle Goldmann Arkana)

Krankheitsdeutung und Heilung: *Krankheit als Symbol* (Bertelsmann), Überarbeitung 2022 • *Krankheit als Sprache der Seele*, 2008 • *Krankheit als Weg* (mit T. Dethlefsen), 2000 • *Das Alter als Geschenk* • *Frauen-Heil-Kunde* (mit M. Dahlke und V. Zahn) • *Wenn wir gegen uns selbst kämpfen*, 2015 • *Schattenreise ins Licht: Depressionen überwinden*, 2014 • *Krankheit als Sprache der Kinderseele*, 2010 • *Herz(ens)probleme*, 2011 • *Das Raucherbuch*, 2011 (alle Goldmann Arkana) • *Verdauungsprobleme*, Knaur 2001 • *Seeleninfarkt –Zwischen Burn-out und Bore-out*, Scorpio 2013

Weitere Deutungsbücher: *Hör auf gegen die Wand zu laufen*, Goldmann 2017 • *Die Spuren der Seele* (mit R. Fasel), GU 2010 • *Der Körper als Spiegel der Seele*, www.heilkundeinstitut.at, 2009 • *Die Psychologie des Geldes*, 2011 • *Die 4 Seiten der Medaille* (mit C. Hornik), 2015 • *Tiere als Spiegel der menschlichen Seele* (mit I. Baumgartner) • *Omega – im inneren Reichtum ankommen*, (mit V. Lindau) 2017 (alle Goldmann)

Krisenbewältigung: *Die Liste vor der Kiste* (Terzium) 2014 • *Von der großen Verwandlung*, (Crotona) 2011 • *Lebenskrisen als Entwicklungschancen* • *Wenn Sex und Liebe sich wieder finden*, 2017 (beide Goldmann)

Gesundheit und Ernährung: *Peacefood*, 2011 • *Peacefood-Ketokur*, 2018 • *Peace Food – das vegane Kochbuch*, 2011 • *Vegan für Einsteiger*, 2014 • *Peace Food – vegan einfach schnell*, 2015 • *Das große Peacefood-Buch* 2019 (alle GU) • *Mein Individualgewicht – Wege zur Wohlfühl-Figur* 2020 (Goldmann-Arkana) • *Geheimnis der Lebensenergie*, 2015 • *Das Lebensenergie-Kochbuch: Vegan und glutenfrei* (beide Goldmann Arkana) • *Schutz vor Infektionen – Immunkraft steigern –natürlich und nachhaltig* • *Meine besten Gesundheits-Tipps 2.0* (beide Terzium) • *Wieder richtig schlafen*, 2014 • *Notfallapotheke für die Seele* (beide Goldmann) 2020 • *Immunbooster vegan* (Knaur) 2021 • *Krebs - Wachstum auf Abwegen*, 2020 • *Körper-Geist-Seelen-Detox* (beide Goldmann) • *Jetzt einfach atmen* (ZS)• *Vegan schlank*, 2015 (www.heilkundeinstitut.at)

Filmtherapie: *Spielfilmtherapie – Was Filme über Krankheit und Heilung verraten,* 2022 • *Die Hollywood-Therapie – was Filme über uns verraten,* 2018 (beide mit Margit Dahlke), Edition Einblick (www.heilkundeinstitut.at)

Fasten: *Das große Buch vom Fasten,* 2019 (Goldmann-Arkana) • *Bewusst Fasten,* 2016 (Urania) • Kurzzeit-Fasten (Südwest) • *Ganzheitliche Wege zu ansteckender Gesundheit,* 2011 (www.heilkundeinstitut.at)

Krisenbewältigung: *Die Liste vor der Kiste,* 2014 (Terzium) • *Von der großen Verwandlung,* 2011 (Crotona) • *Wenn Sex und Liebe sich wieder finden,* 2017 (Goldmann-Arkana)

Meditation und Mandala: *Jetzt einfach meditieren* (ZS) • *Mandalas der Welt,* 2012 (Goldmann) • *Mandala-Block,* 1984 • *Worte der Weisheit* (beide www.heilkundeinstitut.at) • *Weisheitsworte der Seele,* 2012

Roman: *Habakuck und Hibbelig – das Märchen von der Welt,* 2004 (Allegria)

Audios

Geführte Meditationen (CDs: www.heilkundeinstitut.at – Downloads: Arkana Audio)
Grundlagen: *Das Gesetz der Polarität* • *Das Gesetz der Anziehung*

• *Das Bewusstseinsfeld* • *Die Lebensprinzipien – 12 CD-Set* • *Die 4 Elemente* • *Elemente-Rituale* • *Schattenarbeit*

Krankheitsbilder: *Allergien* • *Angstfrei leben* • *Ärger und Wut* • *Depression* • *Die Wege des Weiblichen* • *Hautprobleme* • *Herzensprobleme* • *Kopfschmerzen* • *Krebs* • *Leberprobleme* • *Mein Idealgewicht* • *Niedriger Blutdruck* • *Rauchen* • *Rückenprobleme* • *Schlafprobleme* • *Sucht und Suche* • *Tinnitus und Gehörschäden* • *Verdauungsprobleme* • *Vom Stress zur Lebensfreude*

Allgemeine Themen: *Der innere Arzt* • *Heilungsrituale* • *Ganz entspannt* • *Tiefenentspannung* • *Energie-Arbeit* • *Entgiften – Entschlacken – Loslassenv* • *Bewusst fasten* • *Den Tag beginnen* • *Lebenskrisen als Entwicklungschancen* • *Partnerbeziehungen* • *Schwangerschaft und Geburt* • *Selbstliebe* • *Selbstheilung* • *Traumreisen* • *Mandalas* • *Naturmeditation* • *Die Lebensaufgabe finden*

Weitere geführte Meditationen und Übungen auf CD: *7 Morgenmeditationen* • *Die Leichtigkeit des Schwebens* • *Die Psychologie des Geldes* (Übungen) • *Die Notfallapotheke für die Seele* (Übungen) • *Die Heilkraft des Verzeihens* • *Eine Reise nach innen* • *Erquickendes Abschalten mittags und abends* • *Schutzengel-Meditationen*

Hörbücher / Filme / Vorträge

Hörbücher: *Krankheit als Weg* • *Omega* • *Fasten-Wandern* • *Körper als Spiegel der Seele* • *Von der großen Verwandlung* • *Die Spuren* *der Seele – was Hand und Fuß über uns verraten* • *Krankheit als Chance* (alle: www.heilkundeinstitut.at)

Vorträge: auf CD erhältlich unter www.heilkundeinstitut.at (die Buchthemen)

Filme über Ruediger Dahlke: *Die Schicksalsgesetze – auf der Suche nach dem Masterplan,* Arenico 2014 • *Unser Biogarten* • *Ruediger Dahlke – ein Leben für die Gesundheit* (2 DVDs)

Adressen

Informationen zu Seminaren, Ausbildungen, Trainings, Vorträgen: www.dahlke.at
Seminar- und Gesundheits-Zentrum TamanGa: www.tamanga.at
Labitschberg 4, A-8462 Gamlitz, www.taman-ga.at, (25 Minuten vom Airport Graz): Seminar-Wochen mit Ruediger Dahlke, Taman-Ga-Natur-Kur: Ferien für (Seminar-)Gruppen und Einzelgäste; Internet: www.dahlke.at; E-Mail: info@dahlke.at

Für Psychotherapien: Heil-Kunde-Zentrum Johanniskirchen, Schornbach 22, D-84381 Johanniskirchen, Tel.: 0049 85 64-819, Internet-Community: www.dahlke4you.com
Webshop: www.heilkundeinstitut.at (von Ruediger Dahlke empfohlene Bücher, Filme, CDs und Gesundheits-Produkte)

DR. MED. RUEDIGER DAHLKE

geboren 1951, studierte Medizin in München und ist seit 1978 als Psychotherapeut, Fastenarzt und Seminarleiter tätig. Der Autor von über 70 Büchern (mit Übersetzungen in 27 Sprachen) genießt internationale Anerkennung als Pionier der Ganzheitsmedizin. Mit *Krankheit als Symbol*, einem enzyklopädischen Werk im Sinne einer umfassenden Psychosomatik, legte er den Grundstein einer Integralen Medizin, die Körper, Geist und Seele gleichermaßen umgreift. Mit dem Bestseller *Peace Food* inspirierte er die vegane Welle. Seine Trilogie *Schicksalsgesetze*, *Schattenprinzip* und *Lebensprinzipien* vereinigt spirituelles und wissenschaftlich-aufgeklärtes Weltbild in überzeugender Synthese.

TERZIUM

ISBN 978-3-906294-11-7
€ 15,00 [D] € 15,50 [A]

E-Book
ISBN 978-3-906294-12-4
€ 10,00 [D] € 10,30 [A]

ISBN 978-3-906294-13-1
€ 16,00 [D] € 16,45 [A]

E-Book
E-Pub-ISBN
978-3-906294-14-8
€ 12,00 [D] € 12,30 [A]

ISBN 978-3-906294-19-3
€ 18,00 [D] € 18,50 [A]

E-Book
E-Pub-ISBN
978-3-906294-20-9
€ 14,00 [D] € 14,40 [A]